現代高校生の規範意識
―― 規範の崩壊か,それとも変容か ――

友枝敏雄・鈴木　譲 ［編著］

九州大学出版会

まえがき

　大学教師の使命は、自らの専門分野の授業をとおして、学生をアカデミズムの深淵へと誘うことにある。しかし自分なりに考えたことを学生に伝える作業は、教師を何年やっていても、なかなか難しい。それだけに、うまく伝わったときは、教師にとっては、無上の喜びの瞬間になる。

　第2次大戦後、新制大学として生まれ変わった日本の大学は、大学進学率の上昇にもかかわらず、最高学府としてそれなりの内容を確保し、企業からも質の高い労働力の供給源として、一定の評価を得てきた。

　しかしバブルがはじけた頃からであろうか、学生の学力の低下がみられるようになったし、それまでの学生に比べて、何かが不足しているなと感ずる学生が多くなった。同じような感想を他大学の先生からきかされて、自分の判断は間違っていなかったと意を強くするとともに、大学教育をどうすればよいのだろうかと思うようになった。

　こんなことを考えていたときに、大学生の「ひきこもり」「フリーター」という言葉が登場するようになった。

　大学生のみならず、青少年の世界で「ジベタリアン」「メル友」「プチ家出」「援助交際」という言葉が市民権を得はじめたのも、ちょうどその頃であった。

　あの1960年代後半の大学紛争以来、よくいわれる「世代の断絶（ジェネレーションギャップ）」というものは、いつの時代にもあるものである。ある面からいえば、若者が既存の文化に反抗し、新しい文化を創造していくことは、いかなる社会にもみられる普遍的な現象であるし、それでこそ新しい時代の息吹は芽生えるものだ。したがって「いまどきの若者は……」と頑固オヤジの代表として、短絡的に説教する気にもなれない。

（といいつつ，学生を叱咤激励する意味で，ついつい口を出しているのが，大学での私たちの実態である。）

　ともあれ，戦後日本社会の変動のなかで，若者の行動様式や価値観は大きく変化したといってよい。そして「学級崩壊」「教育の病理」という言葉を耳にするたびに，社会学の立場から青少年の現状を分析したいと思うようになった。

　社会学の世界における１つの大きな研究テーマは，近代社会の秩序を明らかにすることである。これは，社会秩序の研究もしくは秩序問題の解明といわれる。

　この社会秩序の研究を，単に思弁的・評論的にやるのは，たとえ洞察としてどんなに優れていたとしても，その洞察が検証されない限り，学（Wissenschaft）としては不十分である。社会学には，経験的研究として社会調査の領域があり，研究の蓄積も多い。つねづね社会秩序の研究を，社会調査データにもとづいて，実証的にやる方法はないかと考えていた。そんな折に思いついたのが，人々の規範意識調査を実施し，そのデータにもとづいて社会秩序の一端を解明する方法であった。

　しかしながら人々一般の規範意識をとり上げ，分析することは，日本社会に限定したとしても，射程が広すぎて，実証データの収集にかなりの困難を伴う。そこで若者の規範意識に焦点をあてることにして，具体的には，高校生・高校教師を対象にした規範意識調査を実施した。

　若者の規範意識の研究として，高校生に注目した理由は，次の２つである。第１に，戦後の高度経済成長によって，高等学校への進学率が上昇し，高校教育がいわば「義務教育化」した現在の日本では，「教育の病理」がもたらす一連の症候群は，高校生に典型的にあらわれると考えられることである。第２に，若者の規範意識を計量社会学的な方法によって分析しようとする場合，高校生を対象にした研究に優れたものが多いことである。優れた先行研究が多いと，それだけ問題を絞り込みやすいし，作業仮説を立てやすいという利点がある。

また高校教師の規範意識調査を実施したのは，教育現場における一方の当事者である高校教師の教育への姿勢・生徒への期待を明らかにすることによって，もう一方の当事者である高校生の姿を正確に捉えるためである。

　以上から明らかなように，本書は，現代日本の若者の規範意識の計量分析によって，戦後日本社会の変動の実相に迫ろうとするものである。一時点で収集したデータの分析であるため，過去に比べて若者の意識が変化したと，はっきりといいづらい点もある。しかし今回，同時に実施した高校教師調査データとの比較によって，若者の意識の変化をある程度明らかにできたのではないかと考えている。また計量分析から得られた知見は，日本の若者に限定されたものであるが，高等教育が大衆化した先進産業社会に共通な若者像を想像させるものであろう。

　本書で示された現代日本の若者の規範意識の特色が，日本社会の将来を展望する上で，1つの指針になるならば，本書を編集した意義もあるといえる。編者としては，本書が読者の真剣な読みの姿勢にたえうる研究になっていることを願うばかりである。

　最後に，本書成立の経緯にふれておく。日本人の規範意識に関する調査研究を進めようと思い，研究チームを組織し，平成12年度に日本証券奨学財団に，「現代日本の『規範崩壊』に関する社会学的研究」という研究調査課題のもとに研究調査助成金を申請したところ，幸いなことに研究調査助成金を交付された。そこで研究チームで，もう1度，研究テーマを慎重に吟味し，もっぱら若者の規範意識に焦点をあてて，研究を実施しようということになった。調査実施の過程では，藤嶋康隆君と御舩友生君（当時2人とも九州大学大学院学生）の協力を得た。ここに記して謝意を表したい。当初の計画どおり，1年半の間に，調査の企画・実施・分析を行ったのであるが，その研究成果が本書である。

　本書は，平成15年度日本学術振興会科学研究費補助金（研究成果公開促進費）の交付を受けて刊行されるものである。

　本書の刊行にあたり，九州大学出版会編集部の永山俊二氏・二場由起美

氏にお世話になった。心より感謝したい。

謝辞：本書が誕生するまでの過程で，以下の方々に大変お世話になりました。心より御礼を申し上げます。

(1) 高校生調査（集合調査）の実施にあたり，ご協力頂いた高等学校の先生ならびに生徒の皆さん。
(2) 高校教師調査（郵送調査）に回答し，ご協力頂いた先生。
(3) 研究調査助成金を交付して頂いた日本証券奨学財団ならびに科学研究費補助金（研究成果公開促進費）を交付して頂いた日本学術振興会。

2003年9月

友枝 敏雄
鈴木　譲

目　次

まえがき………………………………………友枝敏雄・鈴木　譲　i

序　章　研究の目的と方法 ………………………………友枝敏雄　1
　　1．社会秩序研究の一環としての規範意識調査　1
　　2．調査の概要　2
　　3．調査のデザインと分析方法　3
　　4．本書の構成　5

第1章　高校生と高校教師の規範意識…………………木村好美　11
　　　　──教師・生徒の意識のずれ──
　　1．高校生をめぐる社会環境の変化　11
　　　　──高校生活のいま・むかし──
　　2．学校生活と規範意識──校則への態度をめぐって──　14
　　3．友人関係と規範意識　19
　　4．生活場面における規範意識　22
　　5．高校教師の憂鬱──教師からみた，高校生の変化──　29
　　6．高校生にとって「規範」とは……　34

第2章　友だち関係と規範意識 …………………………土井文博　37
　　1．問題の所在　37
　　2．分析枠組み　39
　　3．友だちの特性　42
　　4．若者の規範意識　48
　　5．「メル友」の友だち観から探る若者の規範意識　54

6．ま と め　62

第3章　高校生の学歴＝地位達成志向 ………… 室井研二・田中　朗　69
　　　　――その現状と展望――

1．分析枠組み　69

2．学 歴 観　75

3．地位達成志向――ライフスタイルと職業観――　81

4．公共性への志向性　93

5．ま と め　97

第4章　ジェンダー・トラックの再生産 ………………… 中村晋介　103

1．調 査 概 要　103

2．方法論の設定　106

3．分　　析　110

4．ま と め　121

第5章　高校生・高校教師の社会観と
　　　　「新しい保守意識」…………………………………… 友枝敏雄　129

1．高校生・高校教師の社会観　129

2．社会観の因子分析　135

3．高校生・高校教師の社会観を規定する要因　139

第6章　高校生・高校教師の校則意識 ………………… 鈴木　譲　149

1．校 則 問 題　149

2．分析枠組み　152

3．校則意識の比較分析――高校生・高校教師による相異――　155

4．高校生の校則意識――学校階層による相異――　162

5．高校教師の校則意識――非管理職・管理職による相異――　166

6．ま と め　174

目　次

付録1　高校生用調査票 …………………………………………………*179*

付録2　高校教師用調査票　……………………………………………*191*

　索　　引 ………………………………………………………………*203*

序章　研究の目的と方法

友 枝 敏 雄

1．社会秩序研究の一環としての規範意識調査

　戦後50有余年間に日本社会は大きな変貌をとげた。あの高度経済成長によって，我が国が豊かな社会になったのは周知の事実である。60年代，70年代が戦後における「黄金時代」であり，「繁栄の時代」だったとすれば，バブル経済が破綻して以来，すでに21世紀を迎えた今日までの時代は，「金融再編」「財政再建」「学級崩壊」などの言葉に象徴的に示されているように，産業，行政，教育など社会のすべての分野で，戦後日本社会を支えてきた秩序が，再検討を余儀なくされ，新たな秩序の形成をめざして，さまざまな模索がなされてきた時代であった。

　このような秩序の再検討が迫られる原因としては，現存の秩序が社会の動きに対応できなくなり，一種の「制度疲労」を起こしているという側面と，現存の秩序に対する人々の意味づけが変わってしまい，それまで有用だった秩序が，無用の長物になってしまうという側面とが考えられる。

　社会秩序の研究においては，この両側面の研究がうまくなされることが必要だが，本研究では，後者の側面に力点をおく。つまり人々が社会秩序に対して，どのような意味づけをしているかを明らかにするために，社会秩序の中核をなす規範に対する人々の意識を調査する。具体的には，高校教育という場における高校生と高校教師を調査対象者にして，彼ら/彼女

らがどのような友人関係をもっており，どのような学校生活をおくっているのか，学校生活や公共の場におけるマナーをどのようなものとしてとらえているのか，高校生の職業観・ジェンダー観はどのようなものなのか，高校生・高校教師の社会観・国家観はどのようなものなのかといったことについて，意識調査を実施した。

　実施した調査の内容（巻末の調査票とその単純集計結果を参照）から明らかなように，本研究の焦点は，学校生活や公共の場におけるマナーといった規範意識のみにあるのではなくて，これら規範意識と関連する職業観・ジェンダー観・社会観・国家観にもある。要するに，この意識調査の目的は，近年よく言われる[1]「規範崩壊」「若者のミーイズム」といったことを，若者の職業観・ジェンダー観・社会観・国家観と関連づけて分析することにあるし，その分析の中心にあるのが，若者の規範意識は単に低下しているのか，それとも大人世代と異なったものになっているのかという問いである。

2．調査の概要

　福岡県内の高校2年生を対象にした意識調査「高校生の生活と価値観に関する調査」と福岡県内の高校教師を対象にした「学校生活に関する意識調査」を実施した。調査の概要はつぎのとおりである。

(1)　高校2年生を対象にした意識調査,「高校生の生活と価値観に関する調査」

```
福岡県内9校（公立高校7校，私立高校2校），2,117名
　普通科（総合科は普通科に含める）　　　1,659名，78.4％
　職業科　　　　　　　　　　　　　　　　 458名，21.6％
　　　　　　　　　　　　　　　　　計　2,117名
調査方法：自記式，集合調査法
```

調査時期：2001年10月～11月

（参考）	全国	福岡県
普通科	72.8％	69.8％
普通科以外	27.2％	30.2％

（出典）文部省，2000，『平成12年度学校基本調査報告書』の高等学校1年生に関するデータより計算

　本調査データを，日本全国のデータと比較すると，本調査データの方が普通科の生徒が多い。我々のデータは，総合科の生徒（309名）の位置づけによって，微妙に変わってくるが，後述の方法のところでも述べるように，福岡県の高校生の意識を反映したデータであるとみなして，さらには我が国の高校生の意識を反映したデータであるとみなして分析することにした。

(2)　高校教師を対象にした調査，「学校生活に関する意識調査」

福岡県内の高校教師8,453名から1,000名を無作為抽出
無作為抽出のため，参考にした名簿：教育春秋社編，2001，『福岡県下教育関係職員録』
調査方法：自記式，郵送調査法
調査時期：2001年11月
有効回答数：551票（回収率55.1％）

　回収率がもう少し高いとよかったが，郵送調査としてはまずまずの回収率であった。
　福岡県の高校教師の意識を正確に反映したデータになっているし，我が国の高校教師の意識を反映したデータであるとみなして分析した。

3．調査のデザインと分析方法

　先行研究として参考にしたのは，片瀬（2001）を研究代表者とする『教

育と社会に対する高校生の意識——第4次調査報告書——』と，尾嶋(2001)を研究代表者とする『現代高校生の計量社会学』とであった。片瀬の調査は，宮城県内の高校11校の高校2年生と，その両親を対象としている。その特色は高校生のみならず，高校生の父親と母親にも調査していることにある。調査内容では，いわゆる「文化資本」に関する質問項目があるのが興味深い。また1987年の第1回調査以来，第4回目の調査となっていることも優れている。

一方尾嶋の調査は，兵庫県南東部の高校18校（普通科15校，職業科3校）の高校3年生に，1981年と1997年の2回にわたって実施した調査である。その特色は，第1に，高校生の職業観，父親・母親の職業がくわしく質問されており，高校生の職業選択が1つのテーマになっていること，第2に，ナショナリズムに関する質問がなされており，高校生の国家観がテーマになっていることである。

我々の調査をデザインするにあたり，基本的にこの2つの先行研究を参考にした。2つの先行研究の優れている点を，できる限り我々の調査にも生かそうとしたが，我々の調査にも社会観・国家観に関する質問項目を入れたから，我々の調査は，あえて言えば，尾嶋の調査に近いといえるかもしれない。

とはいえ，我々の調査にも独自性はあるのであって，それは，高校教師を対象にした調査をおこない，高校生と高校教師との比較を可能にした点にある。これは2つの先行研究と異なる点である。

調査項目のみならず，我々が特に参考にしたのは，尾嶋の提唱する「計量的モノグラフ」という分析の方針であった。尾嶋によれば，計量社会学の根幹は，「データとして与えられた測定概念間の関係性を現実世界との関わりの中でどのように解釈し，説明していくか」（尾嶋 2001：7）ということにある。結局，高校生の計量的モノグラフとは，限られた地域の限られた計量データの経験的知見から，より一般的な知見を獲得していく試みであるから，我々の収集したデータも，単に福岡県の高校2年生の意識

を明らかにするものではなくて，日本の高校生，さらには若者の意識を明らかにするためのデータであるという立場に立って[2]，分析することにした。

戦後日本社会の歴史のなかで，ここ数年ほど，「教育に関する病理」が問題視され，注目された時代はなかったように思う。「教育に関する病理」について，評論的なコメントをすることは容易であるし，言論活動の一環として重要であろう。

しかし本研究の力点は，このような評論的なコメントにあるのではなくて，評論的なコメントに至るための基礎資料というべき，教育および若者の意識について的確な実態把握をおこなうことにある[3]。

本研究は，質問紙による意識調査という限定された手法にもとづいているが[4]，限定された手法にもとづいているが故に，厳密な分析を可能にするものであるし，厳密な分析によって得られた知見は，客観性の高い知見だといえる[5]。要するに，実態把握のために，客観性の高い知見を提出することが，本研究の最大の目的なのだ。

4．本書の構成

本研究に通底する問題意識を明らかにしたので，以下で，本書の各章の内容を簡単に紹介しておこう。

第1章では，後の各章に先立ち，現代の高校生および高校教師の規範意識の概略を述べる。

90年代，バブル経済崩壊後の社会状況の変化が，高校生の意識や行動にどのような影響を与えていると「見なされている」か——つまり，高校生の意識や行動がどのように変化したと「語られている」か——を確認した上で，校則への態度，友人関係，生活場面の3側面における高校生・高校教師の規範意識について，高校生は学校タイプごとに，高校教師は年齢層ごとに分析を行う。これにより，実際の高校生・高校教師の規範意識の

みならず，学校タイプや世代差により規範意識に差異はみられるのかについても明らかにする。

さらに，高校教師においては，自分が高校生だった頃と比較し，高校生の気持ちはどう変化したと思うか，また，どのような気持ちをもっと持つべきだと思っているのかという質問項目の分析を通して，現代の高校教師は何を問題と考え，何を高校生に期待しているのか，現役教師の悩み多き姿に迫ってみる。

第2章では，高校生の規範意識を捉える上で，同輩（横）の人間関係における規範意識に注目する。つまり，若者の規範意識の低下という場合に，「電車やバスの中で騒ぐ」といった一般的な他者への，あるいは先輩や年輩者への敬意が低下しているか否かではなくて，もっと根本的に，同輩という彼らにとっては最も相互行為のルールを守る対象となりやすい相手に対して，規範意識が低下しているかどうかに焦点をあてる。その方が，社会の成立条件としての規範を浮かび上がらせることができると考えたからである。こうした視点は，現代社会にも人々が遵守している相互行為ルールが存在していると指摘したE. ゴフマンの知見を発展させたものであり，この同輩（横）の人間関係における規範意識を，高校生と教師で比較することによって，若者の規範意識が低下しているか否かを検討する。その結果，高校生の規範意識の低下が明らかにされる。しかし，これには，質問文でたずねた「友だち」のイメージの違いが大きく作用していると考えられるため，その要素を加味した分析を試みる。具体的には，友だちの特性に関する考察によって，若者に特有の友だち観として「メル友」が浮かび上がったので，この「メル友」を友だちのイメージとするか否かということと他の項目との関連の分析をとおして，若者の規範意識の特性を明瞭にする。

第3章では，現代の高校生の規範意識の中で，学歴＝地位達成という価値志向は揺らいでいるのだろうか，それとも依然根強く刻印されているのだろうかという問題意識を分析の出発点とする。このような問題意識を出

発点にするのは，①1970年代に「学歴＝地位達成」という業績価値理念が大衆的基盤をもって確立し，学校教育のそれに対する過剰同調が問題にされるようになったこと，②「試験地獄」，「学校格差」，およびそれらに随伴する「トラッキング」といった問題がこの時期の教育社会学の主要テーマであったのも，そのような現実認識の反映であったこと，③ところが，1980年代後半以降，そのような学歴＝地位達成志向そのものが弛緩しつつあることが，「まじめの崩壊」といった言葉で語られるようになり，「不登校」や「フリーター」[6]といった現象が注目を浴びているのも，そのような脈絡からであることの，3点の理由からである。そこで第3章では，これらの点を調査データに即して実証的に検討する。とりわけ，もし仮に「脱」地位達成志向が見出されるとするなら，それはどのような内実をもった価値志向なのか，つまりそれは「私化」の深化を意味するものなのか，それとも新しい公共意識の萌芽を示唆するものなのかについて，可能な限り検討を加えてみることにしたい。

　第4章では，中等教育における性的分化システム（ジェンダー・トラッキング）をテーマにする。まず，本調査の調査データ全体を対象にしてジェンダー・トラッキングの発現状況を調査する。そして，いわゆる「チャーター理論」の知見にもとづき，分析対象者を「普通の女子高校生」[7]に限定した上で，彼女たちが「女性向き」とされる職業や，「結婚や出産を機会に退職する」というライフコース（＝「女子専用軌道」）をプラクティカルに選び取っていくプロセスを重点的に分析する。

　その結果，彼女たちの中に流動的なジェンダー観や女性の社会進出への期待といったラディカルなメンタリティ（心性）と，「（学校の勉強が）わかること自体が面白い」とは思わない心理や学歴の地位形成機能に対する疑念といった「反学校的」なメンタリティ（心性）とが併存していることを明らかにする。この併存は，彼女たちに一種の「実学志向」の道を選ばせる契機として作用する。彼女たちが選ぶ「実学」の道は，看護師や福祉職といった「女性向き」で「家事や育児との並立が困難」な職場に続く道

にほかならない。こうして，普通の女子高校生による「女子専用軌道」の再生産がなされることを明らかにする。

　第5章では，高校生と高校教師の社会観・国家観をとりあげる。というのは，本調査では，日頃人々がいだく「このような社会であってほしい」「こんな社会はいやだ」「こういう政策を実施してほしい」といった社会や国家に対する価値観も規範意識の一部として考えたからである。まず高校生の社会観・国家観が高校教師の社会観・国家観とどの程度違うかを明らかにする。つぎに高校生における社会観・国家観の違いが何によってもたらされるのかを分析する。その結果，エリート校で保守意識が強く，この保守意識は，公よりも私重視の価値観にもとづいており，従来の保守意識とは異なる「新しい保守意識」であることを明らかにする。

　第6章では，高校生と高校教師の校則意識について分析する。校則に関するこれまでの研究は主に法律学と教育社会学の分野においてなされているが，高校生と高校教師が実際にどのように校則をとらえているかについてはほとんど分析がなされていない。そこで本章では，校則意識を校則擁護・校則縮減の軸において尺度化し，従属変数として扱う。独立変数としては，性別，伝統維持意識，国家への従属性，相手への心理的距離などを設定する。分析手法は，最適尺度法にもとづくカテゴリカル回帰分析と通常のパス解析の両方を用い，それぞれの結果を比較することによって，特定の分析アルゴリズムへの依存性を少なくし，推論の客観性を高める。

　実際の分析は，次の3つの観点から行う。第1は，高校生と高校教師の比較である。通常，高校教師は校則擁護に肯定的であり，高校生は校則縮減に肯定的であると考えられているが，他の要因を統計的に制御した場合にもこの傾向が成立するかどうかを検証する。第2は，高校生同士の比較である。ここでは，生徒の校則意識が，生徒の所属する高校の学校階層上の地位によってどのように異なるかを調べる。第3は高校教師同士の比較である。非管理職と管理職との間で，校則意識にどのような差異があるのかについて分析する。

[注]

1）たとえば朝日新聞，1999年2月25日付夕刊，論談時評では，教育現場における「規範崩壊」をめぐる各種論説へのコメントがなされている。
2）厳密にいうと，今回収集した我々のデータにおいても，母集団は何かという統計学上の問題が出てくる。この問題を，クリアーする方法が，「計量的モノグラフ」という立場である。
3）昨今の小・中学生の「学力低下」が話題になるなかで，単なる評論的なコメントにとどまることなく，まず実態把握として，学力調査を実施した苅谷剛彦（2002a, 2002b）の研究は，高く評価さるべきであるし，本研究のスタンスも，実態把握を重視するという点で苅谷の立場に近いといえる。
4）調査票の作成にあたっては，片瀬（2001），尾嶋（2001）のみならず，小島（2001）を参考にした。また調査の実施にさいし，小島秀夫氏（茨城大学教授）より，適切なアドバイスを頂いた。ここに記して，謝意を表したい。
5）本書（付録も含む）の図表等におけるパーセント値の合計は，丸めの誤差の関係で必ずしも100.0％にならないことを，念のため記しておく。
6）フリーターについてのすぐれた研究としては，小杉（2003）がある。
7）ここでいう「普通の女子高校生」の意味については，第4章の注4を参照のこと。

[文献]

片瀬一男編，2001，『教育と社会に対する高校生の意識――第4次調査報告書――』東北大学教育文化研究会.
苅谷剛彦，2002a，「学力低下の実態に迫る」『論座』2002年6月号，朝日新聞社，42-58.
苅谷剛彦，2002b，「教育の階層差をいかに克服するか」『論座』2002年7月号，朝日新聞社，24-43.
小島秀夫，2001，「「教師の社会意識と教育意識に関する全国調査」，「養護教諭の社会意識と教育意識に関する全国調査」速報版」茨城大学教育学部情報教育小島研究室.
小杉礼子，2003，『フリーターという生き方』勁草書房.
尾嶋史章編，2001，『現代高校生の計量社会学』ミネルヴァ書房.
米本昌平，1999，「教養・教育の危機」朝日新聞論壇時評，朝日新聞，1999年2月25日付夕刊.

第1章　高校生と高校教師の規範意識
―― 教師・生徒の意識のずれ ――

木 村 好 美

1．高校生をめぐる社会環境の変化——高校生活のいま・むかし——

　1970年代半ばに「産業社会」から「高度消費社会」へ，そして1990年代，バブル経済崩壊後は「情報社会」へと，高度経済成長以降，日本社会のありようは大きく変化した。

　このような社会状況の変化に伴い，高校生活のあり方も大きく変わった。「情報社会」の影響は特に大きく，80年代までの高校生の大半は携帯電話やパソコンを持っていなかったが，携帯電話については現代の高校生の半数以上が所持するようになり，彼らはより多くの情報を手にし，活動範囲を拡大し，新たなコミュニケーションのスタイルを構築し，「プチ家出」「援助交際」「ブルセラ」「ジベタリアン」「メル友」などの現象が生まれた。保護者に何の連絡もせず1ヵ月近くも友達の家を泊まり歩く，簡単に売春したり下着を売る，道端や電車など公共の場で座り込む高校生の姿が伝えられる時，また，「人を殺す経験がしたかった」「友達と花火がしたかった」という動機で殺人・殺人未遂事件を起こす高校生の存在を知る時，「今の若い子のすることは分からない」「我々とは異質だ」と感じる人は少なくないであろうし，「規範なき時代」「若者のモラルの低下」がまことしやかに叫ばれてもいるが，実際，若者（ここでは高校生）の規範意識や価値

観は大きく変化したのだろうか。

　この問題を検討するにあたり，まず，上述した社会状況の変化が高校生の意識や行動にどのような影響を与えていると「見なされている」か――つまり，高校生の意識や行動がどのように変化したと「語られている」のか少し確認しておこう。

　現代の若者像を描いた著作としてしばしば引かれるのは，千石（1991）の『「まじめ」の崩壊』であろう。千石は60年代，高度経済成長期の「まじめ」「勤勉」から，80年代は相対主義で現在享楽志向，「ノリ」を重視する「脱まじめ」へと若者が変化した，と指摘しており，また門脇（1995）は，この20年近くのあいだの子ども・若者論の一般認識として，生活態度にみられる「まじめ志向」から「遊び志向」へのシフト，行動選択にあたってフィーリングや感性を重視する，電波メディアとハイテク機器との親和性，生きた人間との接触や交流を回避する性向が強い，自我や主体の確立が未熟である，という5点をあげている。

　千石（1991）や門脇（1995）にみるように，80年代から90年代初頭までは，「脱まじめ」，「まじめ志向」から「遊び志向」への変化が若者の大きな特徴とされているが，90年代半ば以降はこれらとは異なる新たな傾向が指摘されている。門脇（1995）の挙げた「自我や主体の確立が未熟」という指摘にその片鱗はうかがえるのだが，近年の若者においては「傲慢と言えるほどの自我の強さ」（岩木 2000），「自己決定主義」（千石 2001），「自己相対化の喪失」（諏訪 2002）傾向が強くみられるようになった，とされている。

　千石は，近著（千石 2001）で90年代以降の若者の特徴として，「自分が決めたことが法律」である「自己決定主義」という価値観が生まれていると述べており，この「自己決定主義」と同様の傾向を「高度消費社会」と関連付けて説明しているのが岩木（2000），諏訪（2002）らである。諏訪（2002）は，90年代以降の若者の変化を，自分と相手の持ち分を対等（五分五分）に設定する1960年以降80年くらいまでの「産業社会的な子ど

も」から，自分の持ち分を 7，相手を 3 に設定する「消費社会的な子ども」への変化として捉えている。すなわち，現代の消費社会において子どもは学ぶ以前に経済的主体（消費者）として確立しており，市場の論理により経済主体として対等・同等に扱われるため，教師であろうと誰であろうと「みんな同じ<ruby>一<rt>いち</rt></ruby>」という感覚を持つに至り，つねに自己の意見や感覚が正しいという確信を持つ子ども，自己相対化を喪った子ども＝消費社会的な子どもが出現する，というのである。

この新しい若者の傾向を，秩序の崩壊や自己崩壊に至る「未熟な」自己決定を行う若者の存在を根拠に諏訪（2002）は否定的に捉えているが，千石（2001）は「未熟な」自己決定を行う若者がいる一方，伝統的な価値には反発するが，社会的・公的なものには貢献したいという自己主張を強く持つ「新まじめ主義」というグループが出現していることを指摘し，この「自己決定主義」のなかに新たな可能性を見いだしている。

「プチ家出」「援助交際」「ブルセラ」，授業が成立しない「学級崩壊」，利己的な動機による殺人・殺人未遂事件は「未熟な」自己決定のよい例であるが，神林（2001）によると，東北大学教育文化研究会が実施した調査に回答した高校生のうち，「学級崩壊」につながる「授業中におしゃべりする」は 72 ％が，「援助交際」は 82 ％が悪いことであると認識しており，実際の行動と認識は別であるにせよ千石（2001）の言うとおり「未熟な」自己決定を行う若者が大勢を占めるとは考え難い。

では，現代の若者の規範意識や価値観はどのようなもので，どのような要因により規定されているのだろうか。

本書はこの問への答えを見いだすべく，現代高校生の規範意識について高校生・高校教師に調査を行い，そのデータ分析を元にさまざまな角度からのアプローチを試みている。本章は後の各章に先立ち，現代の高校生および高校教師の規範意識の概略を述べる。まず校則への態度，友人関係，生活場面の 3 側面における高校生・高校教師の規範意識について，その概略を確認する。さらに高校教師においては自分が高校生だった頃と比較し，

高校生の気持ちはどう変化したと思うか，また，どのような気持ちをもっと持つべきだと思っているのかという質問を通して，現代の高校教師は何を問題と考え，何を高校生に期待しているのか明らかにする。

2．学校生活と規範意識——校則への態度をめぐって——

　教育社会学などの分野で「高校」について研究が行われる場合，避けて通れない課題が「学校格差」の問題である。数多の非難・批判を浴びながらも偏差値による高校の序列化は進み，学習指導や進路指導，生活指導などあらゆる側面において学校間の格差が問題とされている。この学校格差・偏差値序列問題はその内に「努力主義・集団主義の価値を内面化させる社会化メカニズム」を孕んでおり，高校に入学しないうちに「高校卒業後の進路選択をさせる予期的社会化作用」をも保持する点（岩木 2000 など）においても，規範意識と関連が深いと考えられる。

　近年の学校格差問題については，樋田（2000）が高校の教育指導における学校ランクの差が縮小傾向にあり，特に校則指導においてこの縮小傾向が顕著に見られると述べる一方，喜入（1999）は現役教師の立場から，偏差値的な格差に左右されない「学校文化」がいわゆる底辺高校ほど消失しており，「偏差値的にレベルの低い学校」は「行事においても基本的な生活習慣においても低レベルの，何の取り柄もない学校」になっていると述べ，底辺高校の抱える問題の大きさを指摘している。

　学校格差が「縮小」傾向にあるとはいえ「消失」していない限り，この学校格差を無視して調査データを整理するのはあまりにも乱暴であろう。そこで，本章における調査結果の分析はすべて，高校生については学校タイプごとにおこなう。

　学校タイプは，①高等教育進学率 90％以上で，国公立大学合格者数が福岡県内 10 位以内の進学校を「普通科 A」，②①以外の普通科高校を「普通科 B」，③専門学科の高校を「職業科」とした。なお，この分類は

第1章 高校生と高校教師の規範意識

表1-1 高校生調査サンプルの内訳

サンプル数	普通科A	普通科B	職業科
2,117 (100.0%)	343 (16.2%)	1,316 (62.2%)	458 (21.6%)

ケース数,（　）内は%

表1-2 教師調査サンプルの内訳

サンプル数	20・30歳代	40歳代	50歳以上
551 (100.0%)	182 (33.0%)	189 (34.3%)	180 (32.7%)

ケース数,（　）内は%

以下の各章でも用いられている。

　高校教師については勤務先高校が不明なため，学校タイプごとの検討ができない。しかし年齢は問うているので「生徒たちときわめてよく似通った自我」（喜入 1999）を持つ20代・30代の若い教師と他世代の教師の間に規範意識や高校生を見る眼に差が生じているのかを確認することができる。それゆえ教師については20・30歳代，40歳代，50歳以上の3つの年齢層ごとに調査データの分析をおこなう。

　以上のことを踏まえ，学校の校則に関する「学校での集団生活をおくる以上，校則を守るのは当然のことだ」「いまの学校の校則には不要なものが多い」「校内の風紀や秩序を保つため，ゆきとどいた校則指導をおこなうべきだ」という3つの質問の結果を，高校生・教師それぞれについて見てみよう。なお，回答形式は「そう思わない」「どちらかといえばそう思わない」「どちらかといえばそう思う」「そう思う」の4段階である。

　高校生の分析結果は図1-1，高校教師の分析結果は図1-2のとおりである。

　まず高校生の結果であるが，「学校での集団生活をおくる以上，校則を守るのは当然のことだ」という校則遵守意識を肯定的に捉える生徒（そう思う・どちらかといえばそう思うと回答した生徒）は，普通科Aが75.8％，普通科Bは68.4％，職業科は60.7％であり，普通科Aがもっとも高く，分散分析においても有意な差が見られた（表1-3参照）。「いま

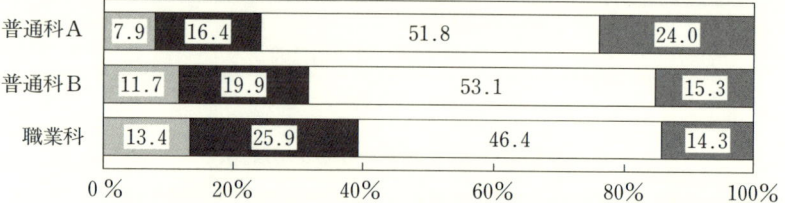

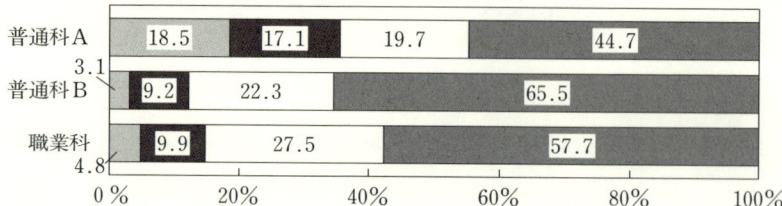

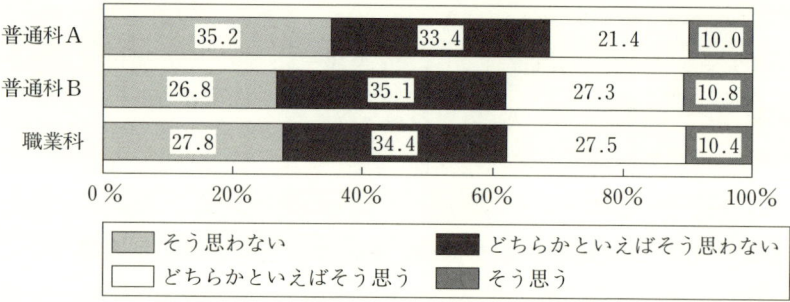

図1-1　校則に対する意識（高校生）

表1-3　校則に対する意識の分散分析

項目	高校生			高校教師		
	普通科A	普通科B	職業科	20歳代	30・40歳代	50歳以上
学校で集団生活をおくる以上，校則を守るのは当然のことだ	2.92	2.72 F値	2.62 12.16**	3.76	3.76 F値	3.69 1.35
いまの学校の校則には不要なものが多い	2.91	3.50 F値	3.38 63.22**	2.39	2.34 F値	2.33 0.23
校内の風紀や秩序を保つため，行き届いた校則指導を行うべき	2.06	2.22 F値	2.20 3.73*	3.20	3.19 F値	3.16 0.13

注：有意水準：*p＜0.05　**p＜0.01

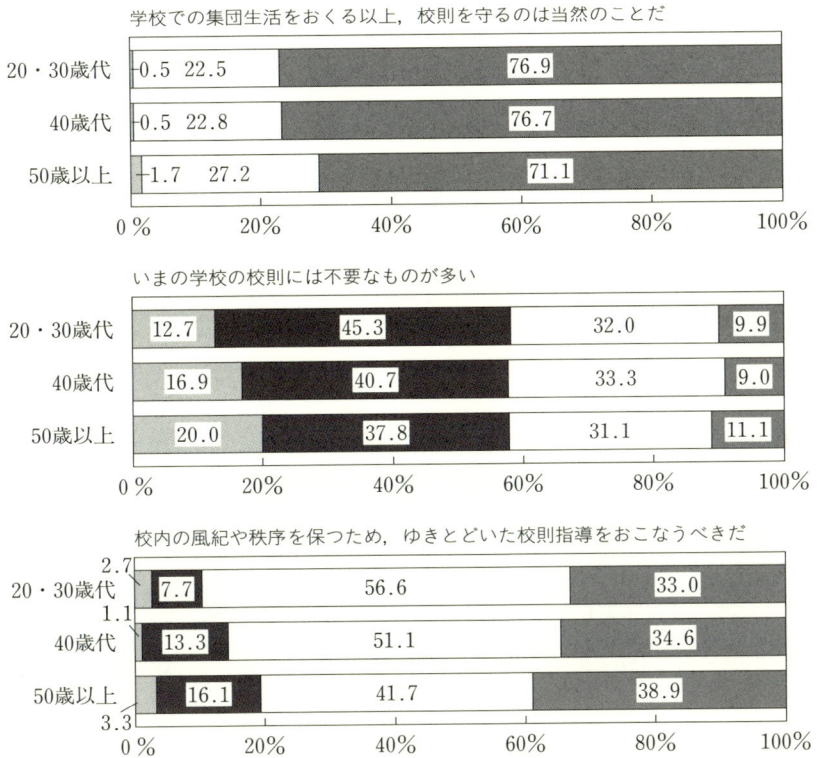

図1-2 校則に対する意識(教師)

の学校の校則には不要なものが多い」という校則の内容に関する項目への肯定的な回答者は,普通科Aが64.4％,普通科Bは87.8％,職業科は85.2％であり,普通科B・職業科において校則の内容に対する不満が強い。もちろん,校則は学校ごとに異なるため,普通科Aに属する高校よりも普通科B・職業科に属する高校群の方が細かな校則が多い,という校則条件面での差があることも十分考えられる。しかし,それを考慮しても普通科Aと普通科B・職業科との差は20.8〜23.4ポイントと大きく,また分

散分析の結果においても有意な差が見られた（表1-3参照）。「校内の風紀や秩序を保つため，ゆきとどいた校則指導をおこなうべきだ」という項目は，すべての学校タイプにおいて肯定的な回答が31.4％～38.1％と低くなっている。

以上のことから高校生の校則に対する全体的な傾向としては，「現在の校則には不要なものも多く，ゆきとどいた校則指導は好ましくないが，集団生活をおくる以上，校則は守らねばならない」ということが言えるのではないだろうか。

次に，教師の結果を見てみよう（図1-2）。「学校での集団生活をおくる以上，校則を守るのは当然のことだ」という校則遵守意識については，すべての世代の98％以上が肯定的な回答（そう思う・どちらかといえばそう思うの合計）を示している。同様に「校内の風紀や秩序を保つため，ゆきとどいた校則指導をおこなうべきだ」という項目についても，肯定的な回答が80.6％～89.6％と高い。これら2項目の結果より，教師は校則や校則指導を肯定的に捉え，重視しているかに見えるが，逆転項目である「いまの学校の校則には不要なものが多い」においては態度が異なる。この項目のみ肯定的な回答，すなわち校則に否定的な立場をとる教師が41.9％～42.3％，約40％にものぼっている。それゆえ「集団生活をおくる以上，校則は守るべきであり，ゆきとどいた校則指導もおこなうべきだが，現在の校則には不要なものも少なからずある」というのが高校教師の校則に対する意識と考えられる。なお，分散分析においては有意な世代差は見られなかった（表1-3参照）。

教師と生徒はその「指導する―される」という立場の相違からか，校則に対する意識の差が鮮明に見られた。ここで注目すべきは「いまの学校の校則には不要なものが多い」という項目に教師の約40％が肯定的回答を示していることである。立場の違いを超えて「いまの学校の校則には不要なものが多い」と回答する教師が約40％もいるという事実は，校則の内容について再検討する時期が来ていることを示唆しているのではないだろ

第1章　高校生と高校教師の規範意識

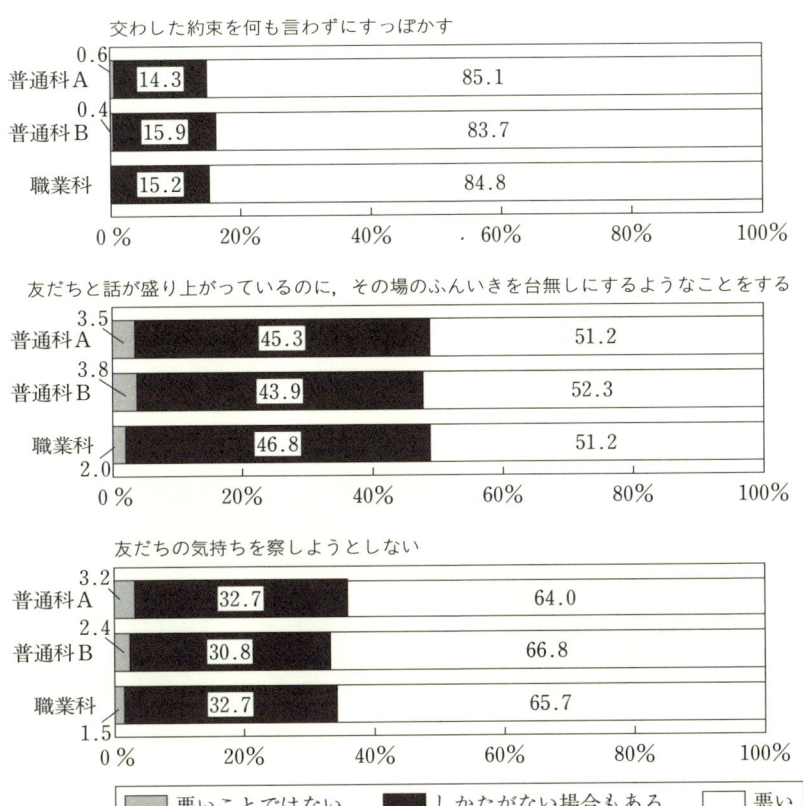

図1-3　友人に対する意識（高校生）

うか。

3．友人関係と規範意識

　現代の高校生の友人関係の変化について，しばしば小グループ化，すなわちクラス内に2～4人の仲良しグループが無数に存在していることが挙げられる。
　この小グループ化に対し喜入（2002）は，以前は「仲良しグループを超

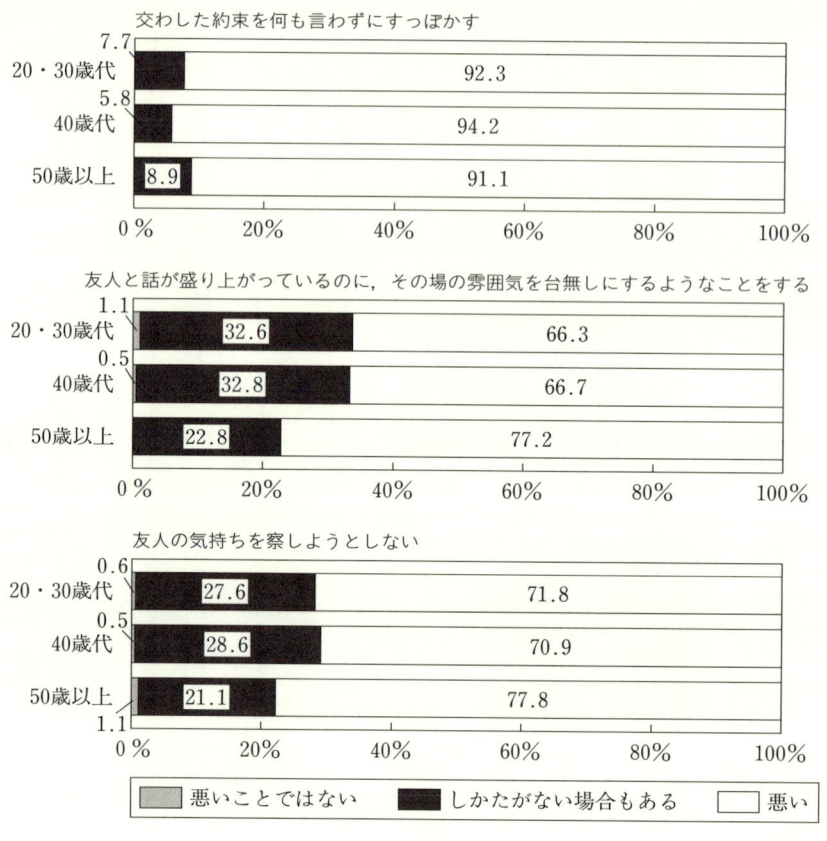

図 1-4　友人に対する意識（教師）

えたクラスという集団の力が働いていた」が，現在は「それがない」と言い，小グループの閉鎖性を指摘している。また宮台（1997）は「仲間意識の及ぶ範囲」の縮小化（＝小グループ化）に伴い，「仲間意識も質的な変化を被った」，すなわち「『容易に腹が割れる』関係と言うより，むしろ『臆病なほどノリの同じさを壊さないよう心がける』関係に変わった」と分析している。

　このような友人関係の変化はあっても——むしろ，仲良しグループが閉鎖性の高い小グループ化した故か，神林（2001）によると「友人とのつき

第1章　高校生と高校教師の規範意識

表1-4　友人に対する意識の分散分析

項　　　目	高　校　生			高　校　教　師		
	普通科A	普通科B	職業科	20歳代	30・40歳代	50歳以上
交わした約束を何も言わずにすっぽかす	2.85	2.83 F値	2.85 0.34	2.92	2.94 F値	2.91 0.64
友人と話が盛り上がっているのに，その場の雰囲気を台無しにするようなことをする	2.48	2.48 F値	2.49 0.08	2.65	2.66 F値	2.77 3.67*
友人の気持ちを察しようとしない	2.61	2.64 F値	2.64 0.66	2.71	2.70 F値	2.77 0.99

注：有意水準：*p＜0.05　**p＜0.01

あい（同じ学校）」を重要とする高校生は92％にものぼり，さまざまな意味で現代の高校生にとって友人との関係が重要であることが分かる。

　では，友人関係において「交わした約束を何も言わずにすっぽかす」「友だちと話が盛り上がっているのに，その場の雰囲気を台無しにするようなことをする」「友だちの気持ちを察しようとしない」ことは，どれくらいタブー視されるのだろうか。またそこに教師と生徒間の差，換言すれば世代差は見られるのだろうか。この3つの質問への回答より，図1-3，図1-4のような友人に対する意識が明らかになった。なお回答は「悪いことではない」「しかたがない場合もある」「悪い」の3段階で得ている。

　前節の校則に対する意識と大きく異なる点は，高校生の回答において学校タイプの有意な差がみられないこと（表1-4参照），すべての項目で教師の方が「悪い」と回答する割合が高いものの，教師と生徒間における意識のずれが小さいことである。以下で，項目ごとの傾向を確認しよう。

　「交わした約束を何も言わずにすっぽかす」ことを「悪い」と認識している人は，教師では90％以上，高校生においても80％以上にのぼる。「友だちと話が盛り上がっているのに，その場の雰囲気を台無しにするようなことをする」ことについては高校生の約50％，教師の約70％が「悪い」と認識しており，教師においては回答に有意な世代差が見られた（表1-4参照）。「友だちの気持ちを察しようとしない」においては高校生の

約65％, 教師の約73％が「悪い」と認識している。すべての項目において「悪いことではない」と回答している人は教師・生徒どちらも4％未満であることから,「しかたがない場合」があっても, 現代の高校生は基本的に友人に配慮する（しようとする）姿勢があるかに見える。しかしここで注意しなければならないのは「しかたがない場合」とはどのような場合か, ということである。明らかに自分に非があるにもかかわらず, 自分にとって都合の良いように「しかたがない」と事態を合理化しているのであれば, それは1節で述べた「自己決定主義」に他ならない。「しかたがない場合」とはどのような場合かをより詳細に検討する必要があるだろう。

4．生活場面における規範意識

　日常の生活に関する「電車やレストランの席などで, 女性が化粧をする」「電車やお店の入り口付近の地べたに座る」「電車やバスの車内で, 携帯電話やPHSを使って話しこむ」「エレベーターや電車のドアなどで, 降りる人を待たずに乗りこむ」「年上の人に対してタメ口で話す」「他人のプライバシーに首を突っこむ」「友だち仲間の都合よりも, 自分の都合を優先させる」という7項目についてどのように感じるか問うた結果が, 図1-5, 図1-6である。なお, 回答は「抵抗を感じない」「あまり抵抗を感じない」「やや抵抗を感じる」「抵抗を感じる」の4段階である。

　まず, 高校生の分析結果を見てみよう（図1-5）。「電車やレストランの席などで, 女性が化粧をする」という項目以外は,「抵抗を感じる・やや抵抗を感じる」と抵抗感を示す生徒が半数以上であり, 特に「エレベーターや電車のドアなどで, 降りる人を待たずに乗りこむ」「他人のプライバシーに首を突っこむ」「友だち仲間の都合よりも, 自分の都合を優先させる」の3項目については抵抗感を示す高校生が80％以上にのぼる。割り込み・人の流れへの逆行というあからさまな迷惑行為や, 前節の友人に対する規範意識と同様「人間関係」への配慮については, 高校生の規範意

第1章　高校生と高校教師の規範意識

電車やレストランの席などで，女性が化粧をする
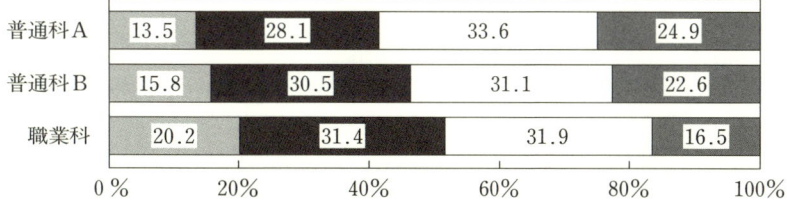

電車やお店の入り口付近の地べたに座る
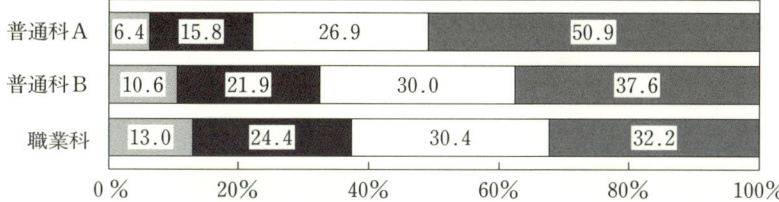

電車やバスの車内で，携帯電話やPHSを使って話しこむ
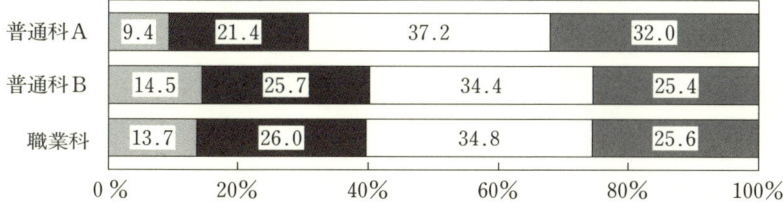

エレベーターや電車のドアなどで，降りる人を待たずに乗りこむ
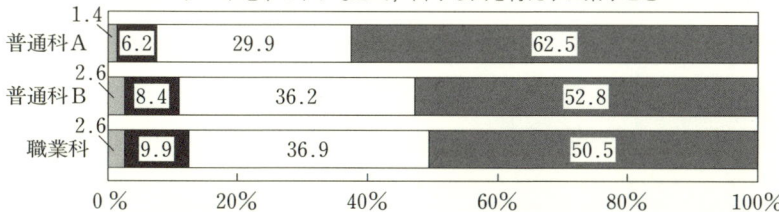

年上の人に対してタメ口で話す
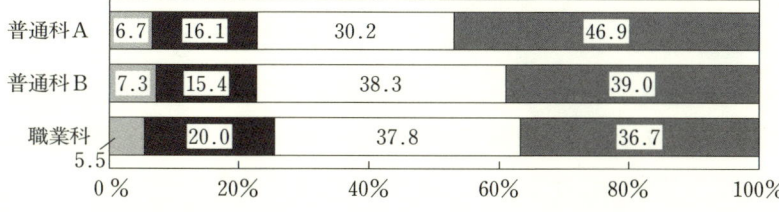

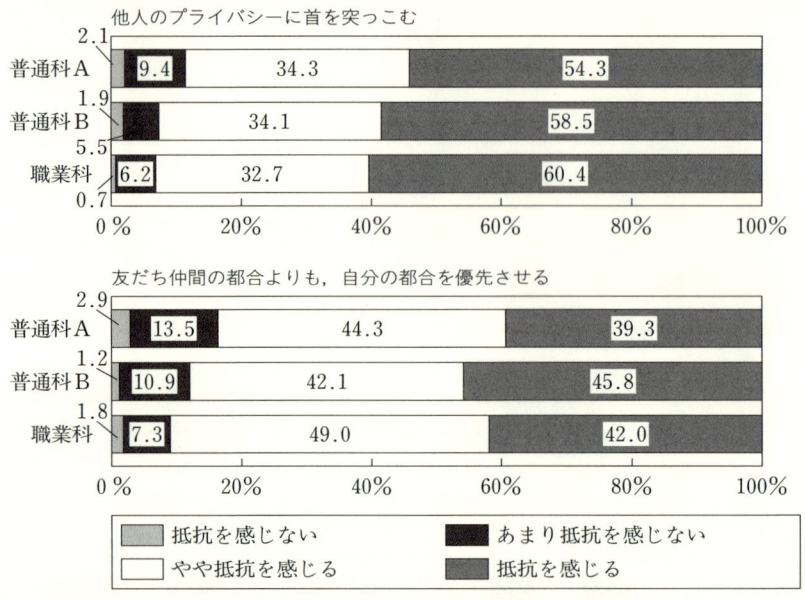

図1-5 日常生活場面での規範意識(高校生)

識は高いと言える。同じ「人間関係」の項目である「年上の人に対してタメ口で話す」という項目にも高校生の約75％が抵抗感を示すのに対し、「電車やお店の入り口付近の地べたに座る」「電車やバスの車内で、携帯電話やPHSを使って話しこむ」に抵抗感を抱く高校生は60％～70％と低くなり、「電車やレストランの席などで、女性が化粧をする」ことに至っては48％～59％に低下する。

　学校タイプの回答に有意な差が見られたのは、「電車やレストランの席などで、女性が化粧をする」「電車やお店の入り口付近の地べたに座る」「電車やバスの車内で、携帯電話やPHSを使って話しこむ」「エレベーターや電車のドアなどで、降りる人を待たずに乗りこむ」「他人のプライバシーに首を突っこむ」「友だち仲間の都合よりも、自分の都合を優先させる」の6項目であり、普通科Aは「他人のプライバシーに首を突っこむ」「友だち仲間の都合よりも、自分の都合を優先させる」の2項目以外

第1章 高校生と高校教師の規範意識

電車やレストランの席などで,女性が化粧をする

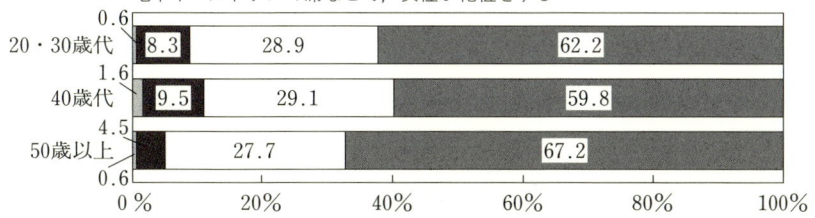

年代	黒	白	灰
20・30歳代	0.6 / 8.3	28.9	62.2
40歳代	1.6 / 9.5	29.1	59.8
50歳以上	4.5	27.7	67.2

電車やお店の入り口付近の地べたに座る

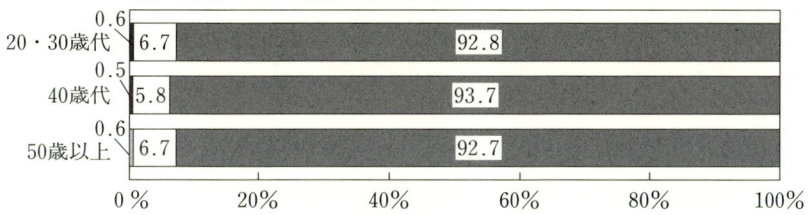

年代	黒	白	灰
20・30歳代	0.6	6.7	92.8
40歳代	0.5	5.8	93.7
50歳以上	0.6	6.7	92.7

電車やバスの車内で,携帯電話やPHSを使って話しこむ

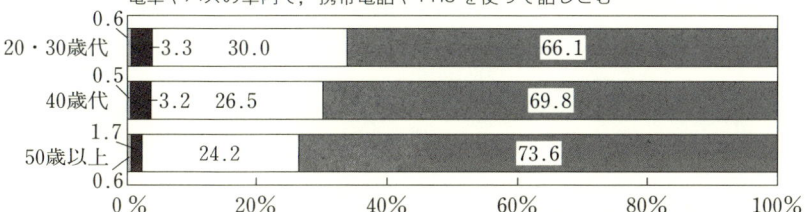

年代	黒	白	灰
20・30歳代	0.6 / 3.3	30.0	66.1
40歳代	0.5 / 3.2	26.5	69.8
50歳以上	1.7	24.2	73.6

エレベーターや電車のドアなどで,降りる人を待たずに乗りこむ

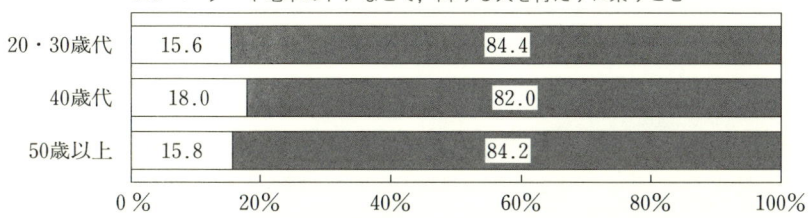

年代	白	灰
20・30歳代	15.6	84.4
40歳代	18.0	82.0
50歳以上	15.8	84.2

年上の人に対してタメ口で話す

年代	黒	白	灰
20・30歳代	0.6 / 3.9	17.2	78.3
40歳代	0.5	24.1	73.3
50歳以上	2.1 / 1.7	29.5	68.8

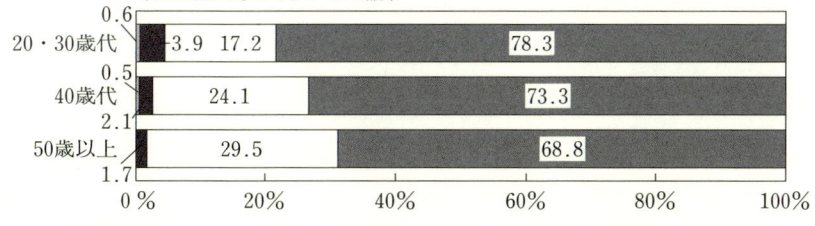

図1-6 日常生活場面での規範意識（教師）

他人のプライバシーに首を突っこむ
- 20・30歳代: 1.1 / 31.3 / 67.6
- 40歳代: 2.1 / 29.6 / 68.3
- 50歳以上: 0.6 / 23.3 / 75.6 / 0.6

友人仲間の都合よりも，自分の都合を優先させる
- 20・30歳代: 0.6 / 7.2 / 47.2 / 45.0
- 40歳代: 1.1 / 48.7 / 47.1 / 3.2
- 50歳以上: 45.7 / 51.4 / 2.9

凡例：抵抗を感じない／あまり抵抗を感じない／やや抵抗を感じる／抵抗を感じる

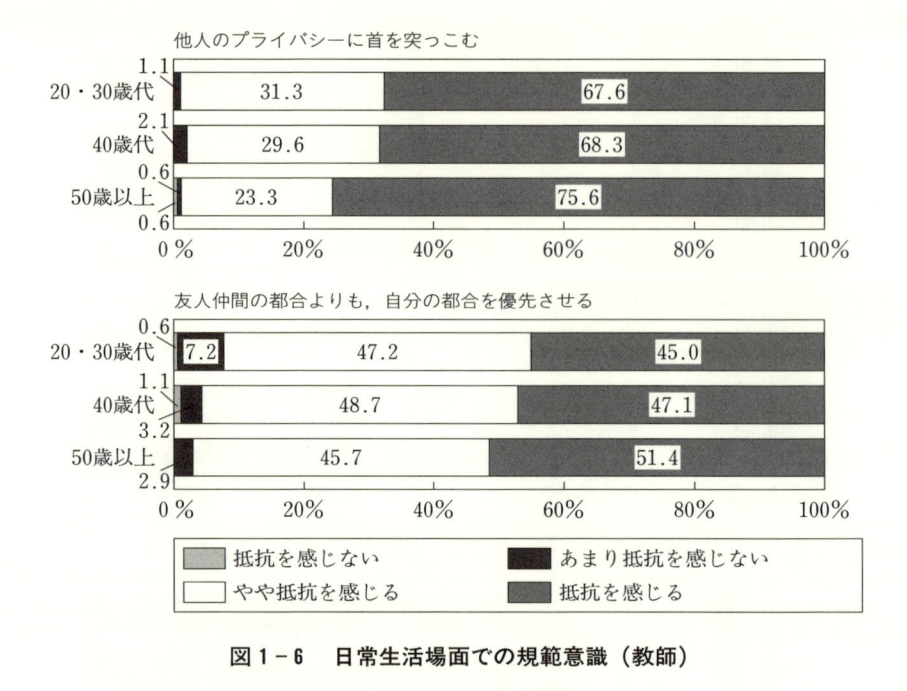

はすべて，普通科B・職業科よりも抵抗感が強くなっている（表1-5）。

　一方，教師はすべての項目において「やや抵抗を感じる・抵抗を感じる」と否定的な回答を示す人が90％を超え，有意な世代差は見られなかった（図1-6，表1-5）。

　高校生と教師の間で特に差が大きいのは，「電車やレストランの席などで，女性が化粧をする」「電車やお店の入り口付近の地べたに座る（いわゆるジベタリアン）」「電車やバスの車内で，携帯電話やPHSを使って話しこむ」「年上の人に対してタメ口で話す（敬語を使えない若者）」という項目であり，「恥じらいがない」「だらしない」「若者の規範意識が低下した」と若者を批判する際に述べられる現象が並んでいる。

　宮台（1997）は若者たちにとって「仲間以外の他者はただの風景」にすぎず，その「感受性」が「人目を気にせぬ傍若無人な若者たちの振る舞

第1章 高校生と高校教師の規範意識

表1-5 日常生活場面での規範意識の分散分析

項目	高校生			高校教師		
	普通科A	普通科B	職業科	20歳代	30・40歳代	50歳以上
電車やレストランの席などで，女性が化粧をする	2.70	2.61 F値	2.45 6.88**	3.53	3.47 F値	3.62 2.14
電車やお店の入り口付近の地べたに座る	3.22	2.95 F値	2.82 16.48**	3.92	3.93 F値	3.92 0.12
電車やバスの車内で，携帯電話やPHSを使って話しこむ	2.92	2.71 F値	2.72 6.24**	3.62	3.66 F値	3.71 1.20
エレベーターや電車のドアなどで降りる人を待たずに乗りこむ	3.53	3.39 F値	3.35 6.39**	3.84	3.82 F値	3.84 0.24
年上の人に対してタメ口で話す	3.17	3.09 F値	3.06 1.67	3.73	3.70 F値	3.67 0.61
他人のプライバシーに首を突っこむ	3.41	3.49 F値	3.53 3.16*	3.66	3.66 F値	3.74 1.35
友人仲間の都合よりも，自分の都合を優先させる	3.20	3.32 F値	3.31 4.19**	3.37	3.42 F値	3.49 1.73

注：有意水準：*p<0.05 **p<0.01

社会のルールを守らないことをかっこいいと思うことがありますか

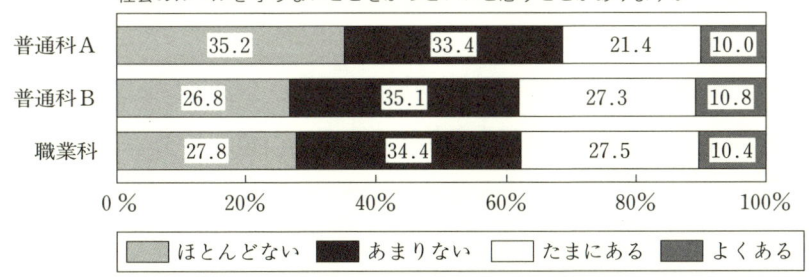

	ほとんどない	あまりない	たまにある	よくある
普通科A	35.2	33.4	21.4	10.0
普通科B	26.8	35.1	27.3	10.8
職業科	27.8	34.4	27.5	10.4

図1-7 高校生の逸脱行動に対する意識

表1-6 高校生の逸脱行動に対する意識の分散分析

項目	高校生		
	普通科A	普通科B	職業科
社会のルールを守らないことをかっこいいと思うことがありますか	1.80	1.95 F値	1.98 5.65**

注：有意水準：*p<0.05 **p<0.01

い」を生み出すと指摘している。人目を気にせぬから「電車やレストランの席などで，化粧をし」「電車やお店の入り口付近の地べたに座り」，自分の会話が周囲に聞こえていようが気にならぬから「電車やバスの車内で，携帯電話やPHSを使って話しこむ」わけである。

　ここで，高校生にのみ問うた「社会のルールを守らないことをかっこいいと思うことがありますか」という質問に対する回答を見てほしい（図1-7，表1-6参照。なお，回答は「1＝ほとんどない，2＝あまりない，3＝たまにある，4＝よくある」の4段階で得ている）。

　「よくある」と回答した生徒はすべての学校タイプで約10％だが，「たまにある・よくある」という肯定的な回答をした生徒は，普通科A 31.4％，普通科B 38.1％，職業科37.9％にのぼり，約30％〜40％弱の生徒が逸脱行動を「かっこいいと思うことがある」と感じている。この回答には学校タイプによる有意な差が見られ，普通科Aは「社会のルールを守らないことをかっこいいと思うこと」が「ほとんどない」と回答した生徒が35.2％ともっとも多く，肯定的回答傾向が普通科B・職業科よりも低かった。

　この，約30％〜40％弱という「社会のルールを守らないことをかっこいいと思うことがある」高校生の比率を大きいと感じるか，それとも小さいと感じるかは個人差があるだろうし，このデータのみで判断を下すのも危険であろう。高校生が「守らないことがかっこいい」と感じるような「社会のルール」とは何か，各生徒がイメージするものが異なるという問題もある。しかし，少なくとも60％〜70％の高校生は「社会のルールを守らない」ことを「かっこいい」とは思っておらず，上述した「日常生活場面における規範意識」の殆どの項目において抵抗感を示す生徒が半数以上であることを鑑みると，高校生の規範意識が著しく低下しているとは言い難いのではないだろうか。轟（2001）は1981年から1997年にかけての若者の社会意識の変化について，千石の「まじめの崩壊」説と方向性が同じであることを断ったうえで，変化の質と規模は「崩壊」の語に匹敵する

ようなものではないと述べており，その千石も近著（千石 2001）では「新まじめ主義」なるものを唱えているが，少なくとも本調査データからは少年の凶悪犯罪が起こるたびにメディアが騒ぐほどの「高校生の規範意識の低下傾向」は確認されなかった。

ただし，上述したように「日常生活場面における規範意識」の一部の項目については，高校生と教師の間で回答傾向が大きく異なるため，教師からみれば現代の高校生は「よく分からない」存在であるかもしれない。そこで，自分が高校生だった頃と比較し，高校生の気持ちはどう変化したと思うか，また，どのような気持ちをもっと持つべきだと思っているのかという質問を通して，現代の高校教師は何を問題と考え，何を高校生に期待しているのか，次節で検討しよう。

5．高校教師の憂鬱──教師からみた，高校生の変化──

高校教師に，「政治や経済に対する関心」「日本のしきたりや文化に対する敬意」「公共の場におけるマナーを守る気持ち」「授業や勉強に対する意欲」「出世や社会的成功に対する意欲」「友達に対する思いやり」「教師など，目上の人に対する敬意」という7項目について，「あなたが高校生だったころと比較して，高校生の気持ちはどう変化したと思いますか」「今の高校生は以下の気持ちや関心をもっと持つべきだと思いますか」という質問を行い，得られた結果が図1-8，図1-9である。なお，「どう変化したか」については「弱くなっている」「やや弱くなっている」「どちらともいえない」「やや強くなっている」「強くなっている」の5段階，「もっと持つべきだ」については「もっと減らすべきだ」「今のままでよい」「もっと持つべきだ」の3段階で回答を得ている。

まず，「あなたが高校生だったころと比較して，高校生の気持ちはどう変化したと思いますか」という質問に対する回答を見てみよう（図1-8）。どの項目においても「弱くなっている，やや弱くなっている」という弱体

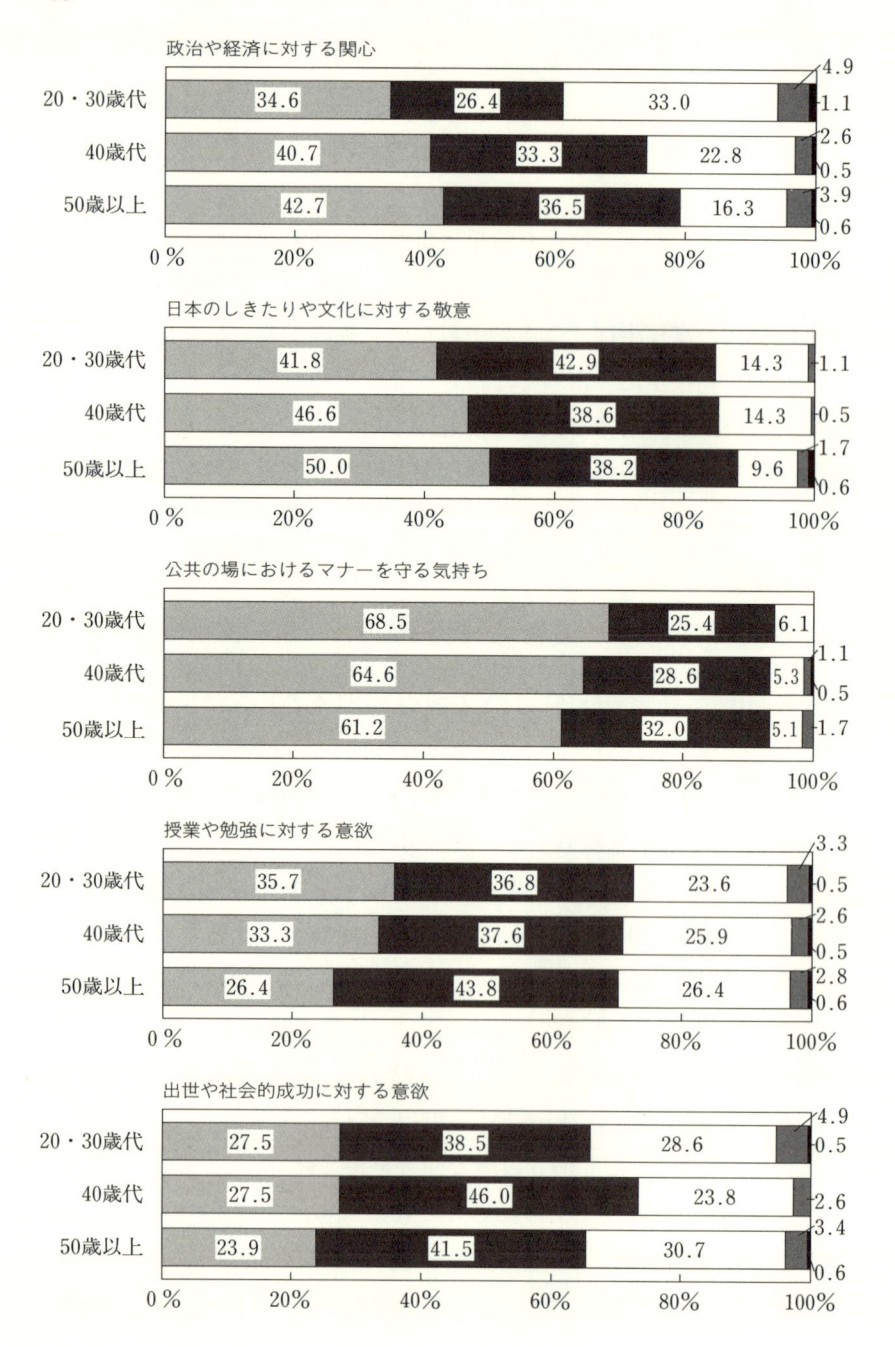

政治や経済に対する関心

20・30歳代	34.6	26.4	33.0	4.9 / 1.1
40歳代	40.7	33.3	22.8	2.6 / 0.5
50歳以上	42.7	36.5	16.3	3.9 / 0.6

日本のしきたりや文化に対する敬意

20・30歳代	41.8	42.9	14.3	1.1
40歳代	46.6	38.6	14.3	0.5
50歳以上	50.0	38.2	9.6	1.7 / 0.6

公共の場におけるマナーを守る気持ち

20・30歳代	68.5	25.4	6.1	
40歳代	64.6	28.6	5.3	1.1 / 0.5
50歳以上	61.2	32.0	5.1	1.7

授業や勉強に対する意欲

20・30歳代	35.7	36.8	23.6	3.3 / 0.5
40歳代	33.3	37.6	25.9	2.6 / 0.5
50歳以上	26.4	43.8	26.4	2.8 / 0.6

出世や社会的成功に対する意欲

20・30歳代	27.5	38.5	28.6	4.9 / 0.5
40歳代	27.5	46.0	23.8	2.6
50歳以上	23.9	41.5	30.7	3.4 / 0.6

友達に対する思いやり

世代	弱くなっている	やや弱くなっている	どちらともいえない	やや強くなっている	強くなっている
20・30歳代	13.7	37.9	46.7		1.6
40歳代	16.9	39.2	42.9	0.5	0.5
50歳以上	16.9	48.0	32.2	2.3	0.6

教師など，目上の人に対する敬意

世代	弱くなっている	やや弱くなっている	どちらともいえない	やや強くなっている	強くなっている
20・30歳代	48.4	39.0	12.6		
40歳代	52.4	38.6	8.5	0.5	
50歳以上	48.3	41.0	9.6	0.6	0.6

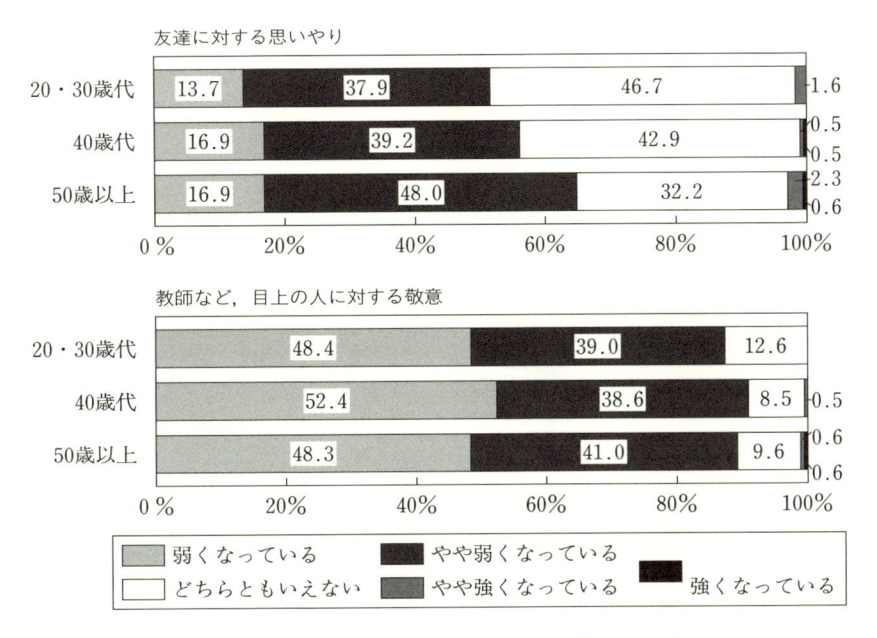

図1-8　教師から見た，高校生の気持ちの変化

化傾向が半数以上をしめるが，4節の高校生と教師の規範意識格差を裏付けるかのように，「公共の場におけるマナーを守る気持ち」という項目が弱体化傾向がもっとも強い項目として教師に認識されている。「日本のしきたりや文化に対する敬意」「教師など，目上の人に対する敬意」についても80％以上の教師が弱体化を感じている。他の項目においては「どちらともいえない」という判断留保の回答が増加しており，「強くなっている，やや強くなっている」という傾向はすべての項目において7％以下であった。世代による有意な差は「政治や経済に対する関心」についてのみ見られ（表1-7），若い世代の教師ほど「政治や経済に対する関心」の弱体化傾向を指摘する傾向が低くなる。

次に「今の高校生は以下の気持ちや関心をもっと持つべきだと思いますか」という項目への回答を見てみよう（図1-9）。「出世や社会的成功に対する意欲」以外の項目では，「もっと持つべきだ」との回答がすべての

政治や経済に対する関心

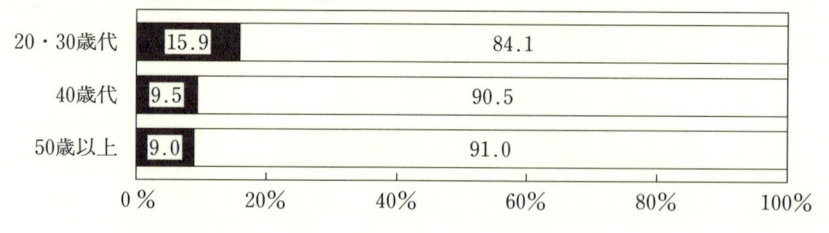

区分	黒	白
20・30歳代	15.9	84.1
40歳代	9.5	90.5
50歳以上	9.0	91.0

日本のしきたりや文化に対する敬意

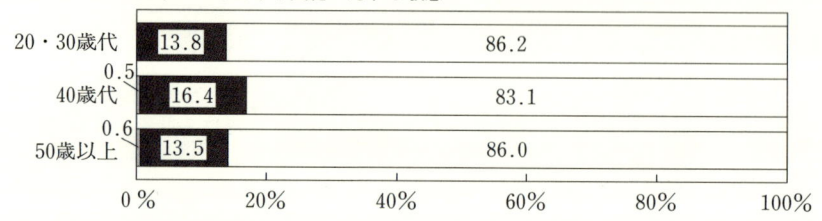

区分	黒	中間	白
20・30歳代	13.8	—	86.2
40歳代	16.4	0.5	83.1
50歳以上	13.5	0.6	86.0

公共の場におけるマナーを守る気持ち

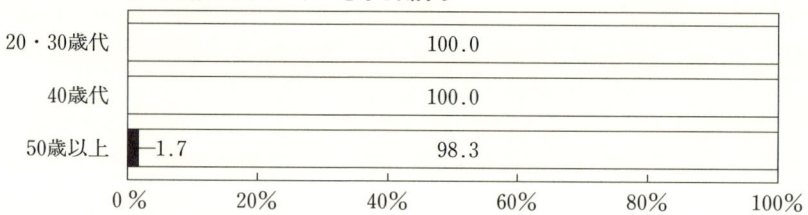

区分	黒	白
20・30歳代	—	100.0
40歳代	—	100.0
50歳以上	1.7	98.3

授業や勉強に対する意欲

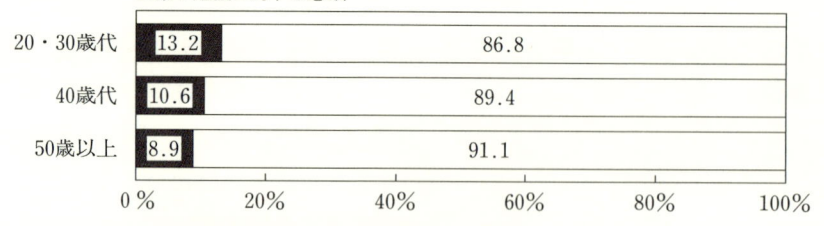

区分	黒	白
20・30歳代	13.2	86.8
40歳代	10.6	89.4
50歳以上	8.9	91.1

出世や社会的成功に対する意欲

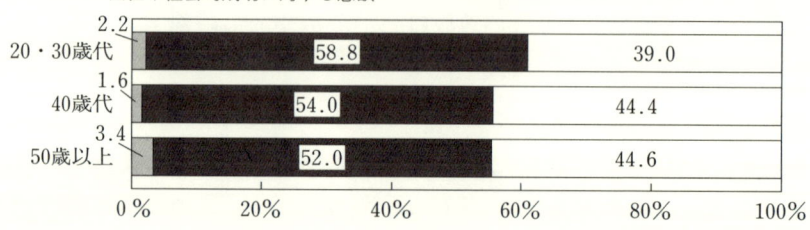

区分	灰	黒	白
20・30歳代	2.2	58.8	39.0
40歳代	1.6	54.0	44.4
50歳以上	3.4	52.0	44.6

第1章　高校生と高校教師の規範意識

友達に対する思いやり

年代	もっと減らすべきだ/今のままでよい	もっと持つべきだ
20・30歳代	14.8	85.2
40歳代	14.9	85.1
50歳以上	14.6	85.4

教師など，目上の人に対する敬意

年代	もっと減らすべきだ/今のままでよい	もっと持つべきだ
20・30歳代	9.4	90.6
40歳代	13.2	86.8
50歳以上	20.1	79.9

凡例：もっと減らすべきだ／今のままでよい／もっと持つべきだ

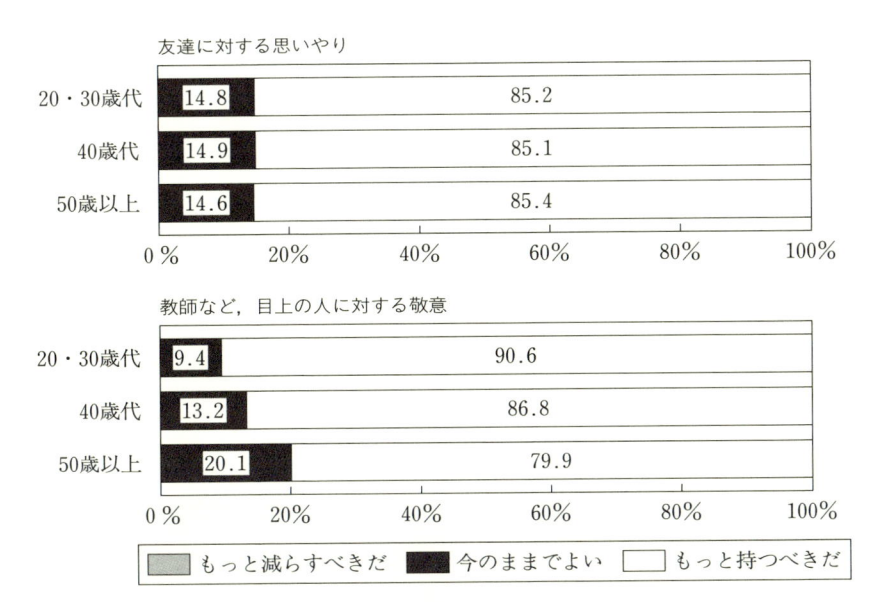

図1-9　教師から見た，高校生の気持ちの変化（持つべき）

表1-7　教師から見た，高校生の気持ちの変化の分散分析

項　目	自分が高校生の頃との比較			どのような気持ちを持つべきか		
	20歳代	30・40歳代	50歳以上	20歳代	30・40歳代	50歳以上
政治や経済に対する関心	2.12	1.89 F値	1.83 4.87**	2.84	2.90 F値	2.91 2.69
日本のしきたりや文化に対する敬意	1.75	1.69 F値	1.65 0.82	2.86	2.83 F値	2.85 0.50
公共の場におけるマナーを守る気持ち	1.38	1.44 F値	1.47 1.03	3.00	3.00 F値	2.98 3.15*
授業や勉強に対する意欲	1.96	1.99 F値	2.07 0.80	2.87	2.89 F値	2.91 0.85
出世や社会的成功に対する意欲	2.13	2.02 F値	2.15 1.38	2.37	2.43 F値	2.41 0.62
友達に対する思いやり	2.36	2.29 F値	2.21 1.72	2.85	2.85 F値	2.85 0.00
教師など，目上の人に対する敬意	1.64	1.58 F値	1.64 0.53	2.91	2.87 F値	2.80 4.40*

注：有意水準：*p＜0.05　**p＜0.01

世代において約80％を超え，「公共の場におけるマナーを守る気持ち」については20・30歳代，40歳代の教師の回答者すべて（100％）が「もっと持つべきだ」と回答している。世代による有意な差は「政治や経済に対する関心」「教師など目上の人に対する敬意」の2項目について見られ（表1-7），「政治や経済に対する関心」は若い世代の教師ほど，「教師など目上の人に対する敬意」は世代が上の教師ほど「もっと持つべきだ」という回答が減少している。

「もっと持つべきだ」との回答がすべての世代において約80％を超えるなか，唯一の例外は「出世や社会的成功に対する意欲」という項目であり，この項目のみ「今のままでよい」という回答が約半数を占める。この項目は，「あなたが高校生だったころと比較して，高校生の気持ちはどう変化したと思いますか」という質問において約60％～70％の教師が弱体化傾向にあると回答しており，「自分が高校生のころより弱まっている」ものの「別に強める必要もない」と見なされている唯一の項目である。Inglehart (1977) のいう「脱物質的価値観」の片鱗が，この教師の回答にうかがえるのではないだろうか。

自分の高校時代とかけ離れた意識を持つ，その意味において「分からなくなった」現代の高校生と日々向き合い，政治や経済への関心・日本のしきたりや文化に対する敬意・目上の人に対する敬意・勉強に対する意欲・公共の場におけるマナー遵守・友達への思いやりの低下を嘆く一方，「出世や社会的成功に対する意欲」という上昇志向から自由になったかに見える現代の高校生に羨望の気持ちにも似た感情を抱く——そんな高校教師像が，浮かび上がってくるようである。

6．高校生にとって「規範」とは……

本章では，現代の高校生・高校教師の規範意識の概略について検討を行った。その結果は以下の3点に要約される。

(1) 高校生の規範意識は学校タイプによって差がある。分散分析において有意な差がなかったのは友人関係に関する規範意識と「年上の人に対してタメ口で話す」という項目のみである。普通科Aは過度な指導には拒否感を示すが，校則遵守意識・生活場面における規範意識は概ね普通科Bや職業科よりも高い。
(2) 高校生の半数以上は集団生活を送るうえでのルール（校則）の必要性を認めている。公共の場におけるあからさまな迷惑行為や人間関係に対する規範意識においても同様の傾向が見られ，決して規範意識が低いとは言えない。
(3) 高校教師と高校生の規範意識は大きく乖離しており，どの項目においても教師の方が規範意識が高い。また，教師は自身の高校時代と比べて現代の高校生は規範意識が低下したと思っており，特に「公共の場におけるマナーを守る気持ち」については，ほぼ100％の教師がもっと持つべきだと考えている。なお，教師の年齢による規範意識の差は殆ど見られなかった。

　現代の高校生の規範意識は，高校生の「自己申告」によると決して低いとは言えない。それにもかかわらず，ほぼ100％の教師が「公共の場におけるマナーを守る気持ち」をもっと持つべきだと回答しているのはなぜだろうか。この答えとして考えられるのは，高校生の意識と行動の乖離，教師・生徒間の「公共の場におけるマナー」の定義の違いの2点である。特に後者は，生活場面における規範意識の一部の項目において教師・生徒間の回答の差異が大きかったことから，重要な要因と考えられるだろう。いったい，現代の高校生は何を規範としているのだろうか。自分で決めたことが法律という「自己決定主義」なのか，それとも現代の高校生なりの新たな規範が芽生えつつあるのか，今後慎重に見極めていく必要があるだろう。

[文献]

荒川葉, 2000,「学習指導組織・進路指導組織」樋田大二郎・耳塚寛明・岩木秀夫・苅谷剛彦編『高校生文化と進路形成の変容』学事出版, 83-106.

土場学・橋本摂子, 2001,「高校生の規範意識と親子関係」片瀬一男編『教育と社会に対する高校生の意識——第4次調査報告書——』東北大学教育文化研究会, 129-144.

樋田大二郎, 2000,「高校経営と生徒指導組織の変化」樋田大二郎・耳塚寛明・岩木秀夫・苅谷剛彦編『高校生文化と進路形成の変容』学事出版, 107-121.

Inglehart, R., 1977, *The silent revolution*: *Changing values & political styles among Western politics,* Princeton University Press.（＝1983, 三宅一郎・金丸輝男・富沢克訳『静かなる革命』東洋経済新報社.）

岩木秀夫, 2000,「高校教育改革の動向——学校格差体制（日本型メリトクラシー）の行方」樋田大二郎・耳塚寛明・岩木秀夫・苅谷剛彦編『高校生文化と進路形成の変容』学事出版, 21-47.

門脇厚司, 1995,「社会化異変の諸相——なぜ, いま少年少女の「異界」探索なのか」門脇厚司・宮台真司編『「異界」を生きる少年少女』東洋館出版社, 3-22.

神林博史, 2001,「高校生にとっての「学校」と「学校の外」——主観的重要性から見る高校生の生活と意識の一側面——」片瀬一男編『教育と社会に対する高校生の意識——第4次調査報告書——』東北大学教育文化研究会, 109-128.

喜入克, 1999,『高校が崩壊する』草思社.

喜入克, 2002,『誰が高校を殺すのか』PHP研究所.

宮台真司, 1995,「団塊親の幻想性の意味するもの——ブルセラ女子高生の背後に透ける親子関係」門脇厚司・宮台真司編『「異界」を生きる少年少女』東洋館出版社, 121-138.

宮台真司, 1997,『透明な存在の不透明な悪意』春秋社.

宮台真司, 1997,『まぼろしの郊外——成熟社会を生きる若者たちの行方』朝日新聞社.

千石保, 1991,『「まじめ」の崩壊——平成日本の若者たち』サイマル出版.

千石保, 1998,『日本の高校生——国際比較でみる』日本放送出版協会.

千石保, 2001,『新エゴイズムの若者たち——自己決定主義という価値観』PHP新書.

諏訪哲二, 1995,「学校を脱構築する子どもたち——なぜ教師は精神的に疲れるのか」門脇厚司・宮台真司編『「異界」を生きる少年少女』東洋館出版社, 45-68.

諏訪哲二, 2002,『教育改革幻想をはねかえす』洋泉社.

轟亮, 2001,「職業観と学校生活感——若者の「まじめ」は崩壊したか——」尾嶋史章編著『現代高校生の計量社会学』ミネルヴァ書房, 129-158.

富田英典, 1995,「消費社会と「親子」探しゲーム——なぜ少年少女はナルシスティックになったのか」門脇厚司・宮台真司編『「異界」を生きる少年少女』東洋館出版社, 93-118.

第2章　友だち関係と規範意識

土井文博

1．問題の所在

　序章でも述べられているように，我々はこの調査を社会秩序研究の一環としての規範意識調査であると位置づけている。若者を対象とした調査は数多いが，この調査では，少年犯罪の問題をはじめとして近年様々な場で叫ばれている若者の規範意識の低下という問題に関して，社会学的アプローチを試みた。これには，一般に言われるように若者の規範意識が低下していると言えるのか，という問い自体が含まれている。青少年白書にも見られるように[1]，若者の規範意識は低下しているというのが一般的な見解であろう。しかし，それをそのまま受け取ってよいのであろうか。規範意識の低下という場合に，それは，どのような規範意識についてのことなのだろうか。他章でも様々な規範意識について検討されているが，この章では，友だち関係に焦点をあてた規範意識について，考えてみたい。若者の社会調査において規範意識を問う場合，友人関係に焦点をあてた調査項目の設定はあまり見られないように思う。通常，規範意識を問う場合には，たとえば，「授業中におしゃべりをする」「電車やバスの中で騒ぐ」「道ばたにゴミを捨てる」「万引きをする」といった行為に対してどう思うかを尋ね，その回答をもって規範意識の動向を読みとろうとする[2]。これも確かに規範意識の一端を見ることにはなるであろう。だが，そこに時代の規

範や価値観の変化による影響はないのだろうか。つまり，生活スタイル等の変化から，同様の表現を用いて記されている行為であってもその行為に付与される意味の違いが，回答傾向に反映されることはないだろうか。この時代の変化は世代間の格差となって現れる。したがって，これをもって若者の規範意識の低下を語るのは，所与の行為に付与された大人の意味づけによる価値判断という可能性も大きい。尾嶋史章も著書の中で指摘しているように，計量的な方法は同じ「道具」を用いた「定点観測」的な方法という強みを持つが，調査時点の変化によって質問文の意味内容が異なってくる可能性がある（尾嶋 2001：237-238）。調査結果を見る際には，このことを考慮した上で分析する必要が出て来るであろう。また，意識調査である限り，そこで拾った意識は社会的状況の変化の影響を受けている。この問題点を，知識社会学からの立場として，森真一は次のように指摘する。

　最近，マスコミを筆頭に，「キレる」人々の増加ということが叫ばれている。そして，この言説にはかならずといっていいほど，"現代人の道徳の退廃"についての主張が添えられる。しかし，現代人も道徳にもとづいて行動しているのであって，人格崇拝こそがその道徳である。「キレる」と呼ばれる現象が増えているとすれば，それは個々人の「聖なる自己」が高度化・純化した結果である。（森 2000：22）

つまり，道徳の退廃ではなく，逆に道徳の厳格化によって個々人が以前よりも大きな社会的圧力をその道徳意識に受けている結果であるとする。彼は，社会が「心理主義化」[3]した結果生じた現在の社会的状況を支える中心的規範の1つとして，この「人格崇拝」を挙げる。彼の指摘は，規範意識調査を行う我々にも重要な示唆となるであろう。
　轟亮（2001）は高校生の意識調査の中で同様の問題意識を若者の「まじめ」の崩壊という問題に向けている。つまり，「まじめの崩壊」説に計量的な検証を与えることによって，その説の妥当性を問うている。轟の結論

は「崩壊」とまでは至っていないが方向性としては崩壊説が語るものと同じであることが示され，まじめ崩壊説自体の大きな否定にはならなかった。しかし，このように計量的な検証を試みたこと自体は評価されよう。この章の目的は，若者の規範意識の低下という問題を，時代の変化による影響を考慮した形で統計的に検証していくことにある。それと同時に，これに付随してくる問題として，若者の交友関係の特性を浮かび上がらせることにもある。ここで得られた結果は，若者の規範意識を把握するための，少なくとも1つの方向性を与えることにはなるであろう。

2．分析枠組み

全体として見た場合，本章は計量社会学に典型的な，いわゆる「仮説－検証型」のスタイルを取っていない。すなわち，社会理論をまず立て，それを立証する道具として（ランダム・サンプリングにもとづいた）調査データを用いるという形は取らない。むしろ，現実世界を解釈するための道具として調査データを役立てようという試みである。これと同様のことを尾嶋は「計量的モノグラフ」と表現したが，彼は佐藤郁哉（1992）のことばを引用しながら，その意図するところを，計量的な調査データを用いながら「全体的な骨組みを大づかみに把握し理解できるようなモデルを作ること」（尾嶋 2001：9）であると述べている。こうした考えは計量社会学の分野においては異色であると思われるが，理論の検証を重視する従来型の立場から，より現実の把握に役立てようとする立場への転換を示唆しており，計量調査への一種近寄りやすさを与えてくれる。検証すべき大きな理論を設定しないとは言っても，質問項目を考え出す際には当然ながら何かしらの理論的な礎が必要であろう。そのことに関して，以下，述べていくことにする。

逸脱論の本をひもとくと，ラベリング論をはじめとして少年非行を解釈する立場はさまざまで，どの理論に依拠するかによって解釈の枠組みも変

わってしまう。分析枠組みを語る際にも当然何らかの理論的立場に立つことが求められるが，私の場合，E.ゴフマンの相互行為儀礼の視点を取り入れたい（Goffman 1967）。逸脱論におけるゴフマンの位置づけは定かでないが，逸脱論に用いた分析は数多く[4]，社会の秩序問題を論じたミクロ社会学の視点としても有名である。そこでは，現代の都市生活においても相手の面子を重んじるといった相互行為儀礼が存在し，相手の人格を尊重するといういわば相互行為規範が守られていることを指摘している。この考えを今回の規範意識の考察にも取り入れたい。先に，規範意識を考察する上で，時代の変化による影響を考慮する形での統計分析ということをあげたが，ここに，現代社会に共通する規範として相互行為規範の遵守に着目したゴフマンの理論を用いられないかと考える。彼は，現代において「個人の人格を尊重する」という規範が日常生活の様々な行為に見られることを指摘し，現代の人々の道徳生活のありさまを細かく描き出すことに成功した人物として有名である。このゴフマンの主張を受け，森はその人格崇拝のますますの高度化と純化を説くが，その道徳という形での社会からの要請が個々人にますます大きなプレッシャーとなってのしかかってきており，「キレ」やすくなった若者とは，それだけこのプレッシャーを大きく感じているからに他ならないと主張する[5]。であるならば，ゴフマンの理論に則った形での規範意識をすくい出すことが有効ではないかと考える。もし若者が相互行為の相手として認識している対象に対しても相手を尊重しないような行為を行うようであるのなら，社会的行為そのものを揺るがす現象として，規範意識の低下を主張できるであろう。このように，数ある「規範」の中でも，この相互行為そのものを成り立たせるための規範を最も重要なものと考え，それを考察することにした。

　相互行為の相手と言っても，大きく分けて2つ考えられる。1つは，あまり親しい間柄を想定しないいわゆる他人（一般的な他者）と，もう1つは，友だちである。ゴフマンや森の議論は両方を含むものであるが，「相互行為の相手として認識している対象」という点を強調すると，友だち関

係においても相互行為を成り立たせるためのルールが弱まっているかどうかを見ることによって，若者の集団における社会秩序の問題を，より具体的に測れるのではないかと考える。したがって，分析の重点は後者の方に置いている。

　この相互行為を成り立たせるルールであるが，ゴフマン論者としても知られる R. コリンズが示した儀礼の構成要素[6] も参考にしながら，以下の3つを考えた。①集団の形成，②ムードの共有，③相手の気持ちへの配慮。

　これらに反する行為が規範意識の低下を意味するとして，具体的には次のような質問項目を設けている。

　「一般的にいって，次にあげる行為をどう思いますか。」
　　a．交わした約束を何も言わずにすっぽかす
　　b．友だちと話が盛り上がっているのに，その場のふんいきを台無しにするようなことをする
　　c．友だちの気持ちを察しようとしない

　これらそれぞれについて，「悪い」「しかたがない場合もある」「悪いことではない」という3段階で答えてもらった。その傾向のみからも，若者の規範意識について，その動向を語れそうだが，規範意識の低下という問題をとらえる場合，ある項目に何割以上「はい」（あるいは「いいえ」）と答えていれば規範意識の低下を意味すると考えていいのだろうか。意識の低下という場合，どこからの，あるいは何からの低下なのだろうか。このように考えると，「低下」という言葉自体に，相対的な意味合いが含まれていることに気づく。そこで，大人世代の規範意識と比較することによって，相対的に低下しているかどうかをとらえることとした。その際の大人世代の規範意識として，ここでは教師に行った同様の質問項目を用いている。

　このように，友だち間での規範意識を検討することが，ここでの1つの大きな課題であるが，課題はもう1つある。質問文に出てくる「友だち」

という言葉の持つイメージが個々人で異なることが想定されるだろう。そのため，友だちのイメージについても質問を設け，考察を加えることにした。そこから，若者に特有の「友だち」イメージを拾い出し，それをもとに，若者の規範意識を探る試みを行っている[7]。

これらを通して，若者の規範意識を考察していくが，まずは，友だちの特性から見ていこう。

3．友だちの特性

3.1　友だちの数とその男女差（問4a, b）

高校生に友だちの数について尋ねたところ，以下のような結果が得られた。

表2-1　高校生の友だちの数　　　　　　　　　　　　(%)

	1人	2～3人	4～5人	6～9人	10人以上	特にいない	合　　計
友だち一般	0.3	2.6	8.9	13.4	73.5	1.2	100.0 (n=2,106)
異性の友だち	2.8	15.8	15.4	11.2	27.5	27.4	100.0 (n=2,095)

友だち一般の数に関して最も多いのは10人以上で7割を超えており，友だちの数は多いと言えるだろう。1998年にベネッセ教育研究所が行った同様の調査項目によると，1～9人が17.2％，10～19人が24.0％，20～49人が27.0％，50人以上が30.0％，いないと答えたのは1.8％で[8]，全体的にはほぼ同様の傾向を見せているが，10人以上の傾向を押さえている点が参考になる。質問に対する回答の選択肢を10人以上と一括してしまったのは我々のミスとも言えるが，これは我々がイメージする「友だち」という言葉とのギャップによるものかもしれない。

異性の友だちに関して比較する別の調査のデータを持ち合わせていないが，「特にいない」「10人以上」がともに3割弱でもっとも多く，友だち一般の数よりも，比率は散らばる傾向にあることが分かる。

では，男女でこの傾向は異なるのであろうか。それを示したものが次の

第2章　友だち関係と規範意識

表2-2　男女別に見た高校生の友だちの数　(%)

	性別	1人	2～3人	4～5人	6～9人	10人以上	特にいない	合　　計
友だち一般	男性	0.3	2.6	8.9	12.9	73.4	2.0	100.0 (n=1,018)
	女性	0.4	2.6	8.9	14.0	73.6	0.6	100.0 (n=1,088)
異性の友だち	男性	2.6	13.7	14.8	9.8	27.5	31.7	100.0 (n=1,014)
	女性	3.1	17.8	15.9	12.5	27.5	23.3	100.0 (n=1,081)

表である。

　まず，友だち一般について見てみよう。男女別に見た場合，友だちの数に関してほとんど大きな差は見られないが，「特にいない」で男性に多く女性に少ない傾向が見られる。先ほどのベネッセ教育研究所の男女別データでは，1～9人が男子17.0％・女子17.4％，10～19人が男子22.9％・女子25.0％，20～49人が男子25.9％・女子28.1％，50人以上が男子29.2％・女子29.2％，いないと答えたのは男子3.3％・女子0.4％で，おおかた同様の傾向を見せている。異性の友だちに関しては，「1人」「2～3人」「4～5人」「6～9人」とも女性の方に多く，「特にいない」で男性に多い傾向が分かる。

　これらのことから，「友だち」という場合，その数は10人をゆうに超え，50人あるいは100人という単位になっていることも予想される。千石保はこのような傾向を早くから指摘し，親友でさえもその内容が変わり，誰でも親友になれると揶揄したが（千石 1991：71-89），「友だち」ということばに関しても，そのイメージがかなり広く適用されていることが想像できる。また，友だちを異性に限定するとその数が大きく減少することから，一般の友だちの数を大きく膨らませているのは同性の友だちであることがうかがい知れる。

3.2　友だちとのつきあい方（問5a～e）

　つぎに，友だちとの関わりについても見ておこう。次の表は，友だちとのつきあい方に関する質問を集計したものである。

表 2-3　高校生の友だちとのつきあい方　　　　　　　　(%)

友だちとのつきあい方	そうしている	どちらかといえばそうしている	どちらかといえばそうしていない	そうしていない	合　　計
a．友だちとの関係は，わりとあっさりしている	17.9	47.8	25.2	9.1	100.0 (n=2,100)
b．意見が異なっても態度や表情に表さない	12.5	37.7	34.0	15.8	100.0 (n=2,104)
c．クラスのリーダーとなるよりも，人に従う方だ	20.8	47.4	22.7	9.1	100.0 (n=2,099)
d．自分の欠点や悩みを気づかれないようにしている	14.4	32.2	33.0	20.4	100.0 (n=2,100)
e．クラスの人が困っている時は相談に乗る	30.5	46.2	18.8	4.6	100.0 (n=2,108)

　これを見ると，肯定的な回答が多いのはa，c，eで，特にeではその傾向が最も強い。また，b，dでは肯定・否定と拮抗していることが分かる。これらのことから，一概に友だちとの関係が表面的な「つきあい」になっているとは言えず，ある程度の距離を置きながらも，友だちとの関わりを持とうとする傾向は見ることができるであろう。
　この中で最も注目したいのは，aの「わりとあっさりしている」という項目である。これは，友だちとしてつきあう相手との距離感を端的に表しているが，6割を超える者が友だちに距離をおいてつきあっていることを認めている。「友だち」と言っても，そこには，従来の感覚とは異なる若者の友だち像があるようだ。

3.3　友だちのイメージ
(1)　高校生にとっての「友だち」のイメージ（問7a〜f）

　これは，「友だち」という言葉に対してどのようなイメージを持つかについて，用意した個々のイメージ（「クラスメイト」，「日頃，自分が話をする人」（以後，「日頃の話し相手」とする），「携帯電話やインターネットでメールを交換する人」（以後，「メル友」とする），「顔見知りの人」（以後，「顔見知り」とする），「よくいっしょに遊ぶ人」（以後，「遊び仲間」とする），

「悩み事を相談できる人」(以後,「相談相手」とする))にそれぞれあてはまるか否かを尋ねたものである。

表2-4に示すように,個々のイメージによって回答傾向が異なることが分かる。

表2-4　高校生にとっての友だちのイメージ　　　　(％)

	あてはまる	ややあてはまる	あまりあてはまらない	あてはまらない	合　　計
a．クラスメイト	26.7	43.2	21.5	8.6	100.0 (n=2,108)
b．日頃の話し相手	67.2	27.9	3.6	1.2	100.0 (n=2,104)
c．メル友	24.4	31.9	26.6	17.1	100.0 (n=2,099)
d．顔見知り	10.8	29.2	39.7	20.4	100.0 (n=2,102)
e．遊び仲間	88.5	9.4	1.4	0.8	100.0 (n=2,106)
f．相談相手	89.6	7.0	2.1	1.3	100.0 (n=2,108)

肯定的な回答が多いのは,b「日頃の話し相手」,e「遊び仲間」,f「相談相手」でいずれも9割を超えている。特に後の2つでは「あてはまる」という回答だけで9割弱を占めている。これに対し肯定的な回答が少ないのはdの「顔見知り」で,肯定的な回答は4割にとどまっている。a「クラスメイト」とc「メル友」は肯定的な回答が5割を超えているものの,否定的回答もある程度残している点が特徴的である。

これらのイメージは独立ではなく,重複している部分が多分にあると思うので,変数間の関連を見るため因子分析を行い,a～fの中に共通因子を探してみた。バリマックス回転後の因子負荷量は表2-5のようになる。

因子1はクラスメイト,日頃の話し相手,メル友,顔見知りが高く,因子2は日頃の話し相手,遊び仲間,相談相手で値が高い。このことより,共通する因子としては,前者が「知人」,後者が「親しい友人」であると推察される。

表2-5　高校生の友だちのイメージの因子分析（主因子法）

	因子負荷量	
	因子1	因子2
a．クラスメイト	0.586	0.160
b．日頃の話し相手	0.563	0.454
c．メル友	0.319	0.211
d．顔見知り	0.594	−0.042
e．遊び仲間	0.215	0.644
f．相談相手	0.016	0.478
固有値	1.161	0.921
寄与率（%）	19.343	15.348

(2) 教師にとっての「友人」のイメージ（問9）

では，教師にとっての友人のイメージはどうであろうか。同じ質問をぶつけてみた。その際，aを「職場の同僚」に変えたことを除き，b～fについては高校生とまったく同じ表現を用いている。

表2-6　教師にとっての友人のイメージ　　　　　（%）

	あてはまる	ややあてはまる	あまりあてはまらない	あてはまらない	合　計
a．職場の同僚	22.0	45.7	23.3	8.9	100.0 (n=549)
b．日頃の話し相手	24.5	48.7	18.9	7.9	100.0 (n=546)
c．メル友	7.9	19.6	27.7	44.8	100.0 (n=542)
d．顔見知り	4.8	21.0	40.4	33.8	100.0 (n=547)
e．遊び仲間	55.1	33.0	8.8	3.1	100.0 (n=548)
f．相談相手	80.3	13.9	3.1	2.7	100.0 (n=547)

高校生の回答と比べた場合，b～fにかけて「あてはまる」という程度が弱まっていることがわかる。特にメル友に関しては大きく異なり，否定的回答が7割を超えるに至っている。

さらに，高校生の場合と同様，これらの変数間の関連を見るため，因子分析を行った。バリマックス回転後の因子負荷量は表2-7のようになる。

第2章　友だち関係と規範意識

表2-7　教師の友人のイメージの因子分析（主因子法）

	因子負荷量	
	因子1	因子2
a．職場の同僚	0.605	0.079
b．日頃の話し相手	0.736	0.164
c．メル友	0.302	0.246
d．顔見知り	0.563	0.054
e．遊び仲間	0.160	0.714
f．相談相手	0.049	0.601
固　有　値	1.344	0.967
寄　与　率（％）	22.402	16.118

　結果は高校生の場合とほとんど変わらず，因子1は職場の同僚，日頃の話し相手，メル友，顔見知りが高く，また，因子2は遊び仲間，相談相手で値が高いことが分かる。異なるのは，日頃の話し相手が因子2では値があまり高くない点くらいであろう。共通する因子は，教師の場合も，前者が「知人」，後者が「親しい友人」であると推察できる。

(3)　高校生と教師の「友だちのイメージ」の比較

　各変数間の関連はつかめたが，では，高校生と教師の間で，そのイメージの持ち方に差があると言えるのだろうか。このことを確かめるべく，友人のイメージa～fのそれぞれについてウィルコクスンの順位和検定[9]を行った。その結果，aのクラスメイトを除くすべての項目で，有意差が認められた。漸近有意確率pと検定統計量zは次の通り（以後用いるウィルコクスンの順位和検定には，すべて，漸近有意確率をp，検定統計量をzで表すことにする。）($a : p=0.074, z=-1.784, b : p=0.000, z=-19.691, c : p=0.000, z=-14.226, d : p=0.000, z=-7.678, e : p=0.000, z=-18.066, f : p=0.000, z=-5.895$)。

　このように，ほとんどの項目で有意差が認められたが，これは，高校生の方がそれぞれの友だちのイメージに関して，より肯定的な回答をしやす

いことを物語る。有意差の出なかった「クラスメイト（職場の同僚）」に関しても，同様の傾向は見られる。つまり，いずれのイメージにおいても高校生の方に友だちのイメージ感は強い。これは何を意味するのであろうか。どんなイメージにおいても，程度差はあるものの友だちのイメージが強まっているとすれば，それは，若者にとって，「友だち」というもののイメージが拡散し，定義が広がっていることを示しているのではないだろうか。これは，3.1で見た，友だちの数の多さと呼応していると考える。千石（1997）はこのような友だちの定義の拡散を「ベル友」（ポケットベルを通じた友だち）を持ち出して考察しているが，情報機器に関する技術革新は驚くべきスピードで進み，若者のコミュニケーション・ツールは，あっという間にポケベルからPHSを経て携帯電話へと移り変わった。千石が当時考察した「ベル友」の特性は，現在の「メル友」にほぼ受け継がれていると考えていいだろう。高校生と教師を比較した際にも，もっとも変化が大きかったのは「メル友」で，友だちとしてのこのイメージが，若者に最も特徴的なものであると考える。

4．若者の規範意識

4.1　一般的な規範意識（高校生：問19a～g，教師：問12a～g）

　一般的な規範意識を問う質問項目については，すでに第1章で出てきたが，そこでも見られたように，単純集計を比較しただけでも，高校生と教師とでは規範意識に大きな差があることが分かる。すべての項目で教師の方に抵抗感が強く，高校生の規範意識の低下を物語っている。

　これを統計的に確かめるべく，ウィルコクスンの順位和検定を行った。その結果，すべてで有意差が認められている。（a「人前での化粧」：$p=0.000$, $z=-19.876$, b「地べたに座る」：$p=0.000$, $z=-21.976$, c「車内での携帯電話」：$p=0.000$, $z=-19.975$, d「降りる人を待たずに乗り込む」：$p=0.000$, $z=-13.049$, e「年上の人へのタメ口」：$p=$

第2章　友だち関係と規範意識　　　　　　　　　　49

（高校生）　　　　　　　　　　　　（教師）
1．f「プライバシー侵害」　　　　　1．b「地べたに座る」
2．d「降りる人を待たずに乗り込む」　2．d「降りる人を待たずに乗り込む」
3．g「自分の都合の優先」　　　　　3．e「年上の人へのタメロ」
4．e「年上の人へのタメロ」　　　　4．f「プライバシー侵害」
5．b「地べたに座る」　　　　　　　5．c「車内での携帯電話」
6．c「車内での携帯電話」　　　　　6．a「人前での化粧」
7．a「人前での化粧」　　　　　　　7．g「自分の都合の優先」

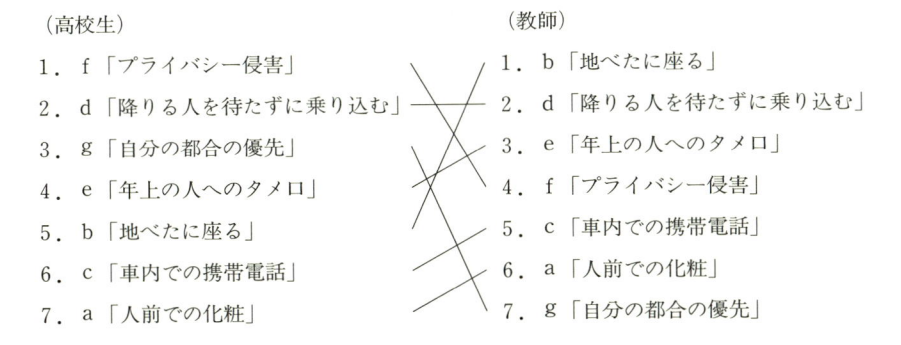

図2-1　一般的な規範意識に関する高校生と教師の違い

0.000, $z=-14.842$, f「プライバシー侵害」：$p=0.000$, $z=-5.832$, g「自分の都合の優先」：$p=0.003$, $z=-2.954$）（以後, 問19のa～gの項目は, 同様に略して表すこととする。）

　これらの質問項目は, 各項目間の順位づけを求める順位回答ではないため, 個々の回答者が直接順位をつけているわけではないが, それぞれの項目における「抵抗を感じる」「やや抵抗を感じる」「あまり抵抗を感じない」「抵抗を感じない」の回答傾向から全体的に判断することは可能であろう[10]。それをもとに, 図2-1を作成した。高校生と教師を比較しやすいよう, 抵抗感が強い順位に並べ, 同じ項目を線で結んで示している。

　高校生にとって抵抗感の強い順の下位4つは, 若者言葉として物議をかもしているタメロ, ジベタリアンと称されるジベタに座る行為, 公共の場での携帯電話の使用, 人前での化粧と, いずれも若者文化と関連が深い項目で, プライバシーの侵害, 降りる人を待たずに乗り込む, 自分の都合の優先といった「個人」という観念にまつわる項目が抵抗感の上位となる点は特徴的と言っていいだろう。ここで見られた彼らの規範意識は, 大きく言ってこれら2つの影響を受けていると考えられる。

　これに対し, 教師の場合, 高校生の下位4つだったもののうち, 大人世代にも関わりのある「車内での携帯電話」と「人前での化粧」は相対的に

表 2-8 高校生の一般的な規範意識に関する因子分析（主因子法）

	因子負荷量	
	因子1	因子2
a．人前での化粧	0.620	0.086
b．地べたに座る	0.714	0.145
c．車内での携帯電話	0.662	0.183
d．降りる人を待たずに乗り込む	0.379	0.344
e．年上の人へのタメ口	0.297	0.374
f．プライバシー侵害	0.098	0.506
g．自分の都合の優先	0.059	0.541
固　有　値	1.578	0.870
寄　与　率（％）	22.550	12.423

表 2-9 教師の一般的な規範意識に関する因子分析（主因子法）

	因子負荷量	
	因子1	因子2
a．人前での化粧	0.089	0.725
b．地べたに座る	0.247	0.384
c．車内での携帯電話	0.396	0.401
d．降りる人を待たずに乗り込む	0.482	0.220
e．年上の人へのタメ口	0.433	0.334
f．プライバシー侵害	0.470	0.215
g．自分の都合の優先	0.493	0.045
固　有　値	1.110	1.041
寄　与　率（％）	15.852	14.870

下位となっているが，ジベタリアンとタメ口に関しては抵抗感が強い。

　高校生・高校教師の一般的な規範意識の構造を見るために，高校生・教師別に因子分析を行った。バリマックス回転後の因子負荷量は表2-8，表2-9のようになる。

　これらの表からまず気づくのは，高校生・高校教師ともに因子の構造が大きく2つに分かれたという共通点であろう。因子負荷量の高い項目に若

干の違いがある点，また，教師に比べて高校生の方が因子1と因子2の違いがより明瞭であるといった点はあるものの，両者の因子構造には同様の傾向を認めることができる。では，各項目の背後に潜んでいる共通の因子（因子1，因子2）も，高校生と教師で同じと言えるだろうか。この共通の因子については，各々の因子負荷量の大きさから，以下のように推察される。

まず高校生の場合だが，抵抗感の強い順に順位づけした表でも見たように，第1因子は，a「人前での化粧」，b「地べたに座る」，c「車内での携帯電話」といった若者文化に関連する項目で因子負荷量が高いため，「若者文化への抵抗感」であると考えられる。また，第2因子も，f「プライバシー侵害」，g「自分の都合の優先」といった「個人」に関わる項目での因子負荷量が高いため，「自己への侵害に対する抵抗感」と考えられる。つぎに教師の場合を見ると，第1因子はd〜gにかけて因子負荷量が高く，第2因子はa「人前での化粧」のみが抜きん出て高い。aの「人前での化粧」に強く見られる特性であることから，第1因子は「ルール違反への抵抗感」，第2因子は「マナー違反への抵抗感」ではないかと思われる。ルールとマナーの線引きは難しいが，ルールは「やってはいけないこと」，マナーは「やるなとまでは言えないがみっともないこと」としてここでは区別しておこう。このように，因子構造は類似していても，高校生と教師では，その因子の内容が異なっていると考えられる。

高校生に見られる「自己への侵害に対する抵抗感」だが，「プライバシーの侵害」への抵抗感と「降りる人を待たずに乗り込む」「自分の都合を優先する」ことへの抵抗感とでは，前者が集団のルールよりも個人の都合を重んじ，後者が個人の都合よりも集団のルールを重んじることを意味しており，意味的に反対方向を向いているようにも思える。しかし，いずれも他者との相互作用の中で「自己」が保つ他者との距離感に関わりがあり，このことは森（2000）の若者における人格崇拝の厳格化という指摘を想起させる。もちろん，他の項目も他者の人格を無視したり尊敬しなかっ

たりなど，人格崇拝に反していると言えるが，高校生の場合は若者文化がその違反性を弱めていると言えるのかもしれない。

4.2 友だち（友人）間での規範意識（高校生：問6(1)a～c，教師：問8(1)a～c）

一般的な規範意識を問う項目においては，若者の規範意識の低下という主張を肯定する結果となった。では，友だち間ではどうであろうか。これについても，単純集計レベルの検討はすでに第1章で行われているが，この章の柱の1つなので，少し考察を加えたい。まず，それらの単純集計表を記しておこう。

表 2-10　高校生の友だち間規範　(%)

	悪い	仕方がない場合もある	悪いことではない	合　計
a．約束をすっぽかす	84.2	15.5	0.3	100.0 (n=2,109)
b．雰囲気を台無しにする	51.9	44.8	3.4	100.0 (n=2,109)
c．気持ちを察しようとしない	66.1	31.5	2.3	100.0 (n=2,108)

表 2-11　教師の友人間規範　(%)

	悪い	仕方がない場合もある	悪いことではない	合　計
a．約束をすっぽかす	92.5	7.5	0.0	100.0 (n=550)
b．雰囲気を台無しにする	70.0	29.5	0.5	100.0 (n=550)
c．気持ちを察しようとしない	73.5	25.8	0.7	100.0 (n=550)

高校生を見ると，最も抵抗感が強いのが，aの「約束をすっぽかす」行為で，「悪い」とする回答が8割を超えている。bの「雰囲気を台無しにする」行為，cの「気持ちを察しようとしない」行為でも「悪い」とする回答が半数を超えており，この意味で，集団を形成・維持する上で必要と考えられるこれら3つの規範に関して，崩壊しているとまでは言えないであろう。

ここで，ゴフマンの理論が依拠するÉ.デュルケムの儀礼論（Durkheim

[1912］1960）について少し触れておきたい。デュルケムの儀礼論は大きく分けて2つの柱から成り立っている。1つが「消極的儀礼」であり，宗教的な儀式が行われる場を聖域と化すために，あるいはその聖域に自らが参加しうる資格を得るために行われる儀礼行為で，ここでは，相手の人格を配慮する場，あるいは相手の人格に配慮できる人間であることを示す行為と考える。もう1つは「積極的儀礼」で，その消極的儀礼が成立した後に執り行われる儀礼で，神との接触を試み，聖なる体験を感受するための行為であるが，これは，他者の意識と融合することによってもたらされる恍惚感を意味する。簡単に言えば，他者と共感することによって感情的に高揚することであり，これが宗教的な儀式の目的であるとデュルケムは言う。もちろん，ここで言う「宗教的な儀式」とは，宗教団体でのミサに限らず，宗教が世俗化した結果，様々な社会集団で見られる現象であると，デュルケム自身も考えている。

この「消極的儀礼」「積極的儀礼」の考えにもとづいて，友だち間での規範意識の結果を考えてみよう。bの「雰囲気を台無しにする」行為を「悪い」とする回答率（51.9％）は，cの「気持ちを察しようとしない」行為（66.1％）よりも低い。これは，bが集団の中でムードを盛り上げているために必要な行為への侵害であり，儀礼の要素としては集団が積極的儀礼へと向かっていき，感情の共有と意識の融合を体験するという，儀式の過程の後半に必要となってくる行為であるためではないかと考える。儀式の過程の前半部分は消極的儀礼の類であり，ゴフマンが描き出したような他者との相互行為の場を聖域とするための，あるいは別の言い方をすれば，他者の人格を聖なるものとして扱うことによって人格崇拝という道徳共同体に今この場があることを示すための工夫として，さまざまな儀礼行為を行うことになる。そのための条件として，まず第1に挙げられるのが，当然ながら，aの「場を共有する」ということであり，そのつぎに，cの参加者の気持ちを察することによって，その人の「人格への配慮を示す」ということである。ゴフマンが描く人間の相互行為模様にあるように，

通常の集団には，消極的儀礼に終始し，盛り上がらないままその役目を果たすというものの方が多いであろう。このように集団の儀礼行為の過程を念頭におくと，抵抗感の強い順が，a「約束をすっぽかす」行為，c「気持ちを察しようとしない」行為，b「雰囲気を台無しにする」行為となるのは理にかなっている。同様のことは教師についても言えることから，高校生・教師に共通することと言っていいだろう。

では，それらの回答傾向に高校生・教師間で統計的な有意差はあるだろうか。これを見るため，ウィルコクスンの順位和検定を行った。その結果，すべてで有意差が認められている（漸近有意確率と検定統計量 z は次の通り。a：p＝0.000, z＝－5.043, b：p＝0.000, z＝－7.852, c：p＝0.001, z＝－3.420）。したがって，友だちとの間における規範意識についても，高校生に意識の低下が認められる結果となった。

5．「メル友」の友だち観から探る若者の規範意識

3.3の友だちのイメージの分析から，「メル友」に対する回答傾向に若者の友だち観が特徴的に表れていると言及した。高校生における携帯電話の普及率を示すデータはいくつか見られ，『情報メディア白書』[11]では2000年の数字として，男子高校生が67.9％，女子高校生が84.9％となっている。その普及率の進展はめざましく，同書のデータとして1998年が29.1％と30.4％，1999年が44.0％と62.0％であった。今では高校生の8割が所持するようになったと言われる携帯電話は，今や彼らの友だち関係を作る手段であり，そのことによって，友だち関係あるいは友だちという定義そのものの基準にもなっていると思われる。武田徹（2002）はケータイ電話世代の「友だち」観とそれが生み出す問題について指摘している。すなわち，携帯電話を介した人と人の繋がり方は一種「共同体」であるが，それは「公共的な社会」を形成することにはならず，その「電話共同体」に属する相手に対してのみ神経を使い，非常に礼儀正しいが，

それ以外の「他者」に対する意識は薄れ，その結果，周囲の乗客の存在を無視して電話の向こうの相手と平気で大声で話してしまうことになる，というものである（武田 2002：22-24）。この記述は，中島梓（1991）の『コミュニケーション不全症候群』に対する，森の「人格崇拝の厳格化」という概念を用いた説明にも通じるものがあるが[12]，ケータイ世代にとっての「友だち」像および「他者」像というものをよくとらえている。

以下は，3.3で得た「友だち」のイメージに関する知見を生かし，「メル友」を友だちの範疇に入れるか否かによって，友だちの数，規範意識，社会へのコミット度，アウトロー性，利己性に関する質問項目の回答がどのように変化するかを見ることにする。「友だちの数」と「規範意識」については3節および4節において検討してきたが，メル友の要素を入れることによって回答傾向がどのように変化するのかを見ることで，若者の特性をさらに探りたい。「社会へのコミット度」については「校則への態度」という形で第1章でも検討されているが，ここでは別の角度からの検討となる。「アウトロー性」と「利己性」は，特に若者には強い傾向があると見られがちなものだが，それが「メル友」と関連しているかどうかを見ることで，若者の特性を探る1つの指標としたい。

具体的には，「メル友」を友だちのイメージとして「あてはまる」「ややあてはまる」という肯定的回答のグループ（n=1,182）と，「ややあてはまらない」「あてはまらない」の否定的回答のグループ（n=917）とに分け，これら2グループ間での違いを見た。その際，グループ間の傾向を知るためパーセントと調整済み残差（かっこ内の数字）[13]を記したクロス表を作成し，有意差の検定にはウィルコクスンの順位和検定を用いた。当然ながら，若者に特徴的なのは肯定的回答のグループであるという前提に立って論を進めていくが，それらの結果を概観した後，そこから見えてくる若者の規範意識の特性について，最後に考察を加えたい[14]。

5.1 友だちの数 (問4a, b)

友だちの数に関しては，特に友だち一般に関してその数が10人未満で少ないことから，ここでは10人未満，10人以上，特にいない，の3つに分けた。友だち一般については，肯定的回答のグループの方で明らかにその数が多く，有意差も認められた。したがって，若者が「友だち」として意識する人の数は，「メル友」を友だちのイメージにすることによって増加していることを示唆しており，千石の指摘（千石 1997）に一致する。異性については有意差は出なかったが，表を見ると，異性の場合にも「メル友」によって人数が上がる傾向は見える。

表2-12　友だち一般の数に関するグループ間格差　　　　　(%)

	10人未満	10人以上	特にいない	合　計
肯定的回答のグループ	19.8 (−6.5)	79.4 (6.8)	0.8 (−1.7)	100.0 (n=1,178)
否定的回答のグループ	32.2 (6.5)	66.2 (−6.8)	1.6 (1.7)	100.0 (n= 914)
全　　体	25.2	73.6	1.2	100.0 (n=2,092)

(p=0.000, z=−5.981)

表2-13　異性の友だちの数に関するグループ間格差　　　　　(%)

	10人未満	10人以上	特にいない	合　計
肯定的回答のグループ	43.8 (−1.4)	31.7 (4.9)	24.5 (−3.3)	100.0 (n=1,176)
否定的回答のグループ	47.0 (1.4)	22.1 (−4.9)	30.9 (3.3)	100.0 (n= 905)
全　　体	45.2	27.5	27.3	100.0 (n=2,081)

(p=0.604, z=−0.518)

5.2 規範意識 (問6(1)a〜c)

一般的な規範意識について有意差はなく，「メル友」という友だちのイメージの影響は認められなかったが，友だち間での規範意識については，つぎのような結果となった。

a．交わした約束を何も言わずにすっぽかす（約束をすっぽかす）

表 2-14　約束をすっぽかす行為に関するグループ間格差　　(%)

	悪　い	悪い場合もある	悪いことではない	合　　計
肯定的回答のグループ	84.7（ 0.8）	15.1（−0.5）	0.2（−1.5）	100.0（n=1,182）
否定的回答のグループ	83.5（−0.8）	16.0（ 0.5）	0.5（ 1.5）	100.0（n= 914）
全　　体	84.2	15.5	0.3	100.0（n=2,096）

(p=0.432, z=−0.785)

b．友だちと話が盛り上がってるのに，その場のふんいきを台無しにするようなことをする（雰囲気を台無しにする）

表 2-15　雰囲気を台無しにする行為に関するグループ間格差　　(%)

	悪　い	悪い場合もある	悪いことではない	合　　計
肯定的回答のグループ	53.7（ 1.9）	43.3（−1.6）	3.0（−1.1）	100.0（n=1,182）
否定的回答のグループ	49.5（−1.9）	46.7（ 1.6）	3.8（ 1.1）	100.0（n= 914）
全　　体	51.9	44.8	3.3	100.0（n=2,096）

(p=0.042, z=−2.035)

c．友だちの気持ちを察しようとしない（気持ちを察しようとしない）

表 2-16　気持ちを察しようとしない行為に関するグループ間格差　　(%)

	悪　い	悪い場合もある	悪いことではない	合　　計
肯定的回答のグループ	66.0（−0.1）	32.0（ 0.4）	2.0（−0.9）	100.0（n=1,181）
否定的回答のグループ	66.2（ 0.1）	31.2（−0.4）	2.6（ 0.9）	100.0（n= 914）
全　　体	66.1	31.6	2.3	100.0（n=2,095）

(p=0.991, z=−0.012)

　bの「雰囲気を台無しにする」行為についてのみ有意差が認められた。つまり，aやcといった消極的儀礼のレベルの規範に関しては有意差がないものの，「メル友」を友だちのイメージに持つ者は，友だちとの間でのムードの共有は大切にする傾向があることを示している。

5.3 社会へのコミット度 （問10 a，b，d）

社会へのコミット度とは，社会集団に所属する際に課せられるルールをどれくらい受け入れているかということを指す。その際の社会集団のルールとして，ここでは学校の校則を取り上げる。

a．学校で集団生活を送る以上，校則を守るのは当然のことだ

表2-17 校則を守ることが当然という考えについてのグループ間格差 （％）

	そう思う	どちらかといえばそう思う	どちらかといえばそう思わない	そう思わない	合　　計
肯定的回答のグループ	15.7 (-1.2)	52.8 (1.5)	21.0 (0.4)	10.6 (-1.4)	100.0 (n=1,182)
否定的回答のグループ	17.6 (1.2)	49.6 (-1.5)	20.4 (-0.4)	12.5 (1.4)	100.0 (n= 914)
全　　体	16.5	51.4	20.7	11.4	100.0 (n=2,096)

(p=0.936, z=-0.081)

b．いまの学校の校則には不要なものが多い

表2-18 校則に不要なものが多いという考えについてのグループ間格差 （％）

	そう思う	どちらかといえばそう思う	どちらかといえばそう思わない	そう思わない	合　　計
肯定的回答のグループ	62.4 (2.1)	22.6 (-0.5)	9.8 (-1.4)	5.3 (-1.6)	100.0 (n=1,179)
否定的回答のグループ	57.8 (-2.1)	23.5 (0.5)	11.7 (1.4)	6.9 (1.6)	100.0 (n= 913)
全　　体	60.4	23.0	10.6	6.0	100.0 (n=2,092)

(p=0.017, z=-2.386)

d．校内の風紀や秩序を保つため，ゆきとどいた校則指導をおこなうべきだ

表2-19 ゆきとどいた校則指導を行うべきという考えについてのグループ間格差
（％）

	そう思う	どちらかといえばそう思う	どちらかといえばそう思わない	そう思わない	合　　計
肯定的回答のグループ	11.0 (0.8)	25.2 (-1.2)	36.2 (1.6)	27.5 (-1.0)	100.0 (n=1,181)
否定的回答のグループ	10.0 (-0.8)	27.6 (1.2)	32.8 (-1.6)	29.6 (1.0)	100.0 (n= 912)
全　　体	10.6	26.3	34.7	28.4	100.0 (n=2,093)

(p=0.724, z=-0.354)

第2章　友だち関係と規範意識　　　　　　　　　　　　　59

　有意差が認められたのはbのみで,「メル友」を友だちのイメージに持つ者は,校則に不要なものが多いと感じる傾向が見られるが,aの校則を守ることについて,およびcの校則の指導については有意差が見られず,aでは校則を守ることに全体の比率で7割弱が肯定的意見であることから,社会集団のルールを大切にする気持ちはあるものの,そのルールの中身を問題にしていると解釈できるであろう。

5.4　アウトロー性（問12）

　社会のルールから外れることに対するあこがれの度合いを「アウトロー性」として捉えているが,「社会のルールを守らないことをかっこいいと思うことがありますか」という質問文に対する全体の回答傾向をまずは見てみよう。

表 2-20　高校生のアウトロー性　　　　　　　　　　(%)

よくある	たまにある	あまりない	ほとんどない	合　　計
2.0	23.7	40.0	34.3	100.0 (n=2,077)

　このように,「あまりない」「ほとんどない」を合わせた否定派が7割を超えているが,「たまにある」も2割少しある。肯定派はほとんどこの「たまにある」で構成されている。

　では,「メル友」のイメージではどうだろうか。

表 2-21　アウトロー性に関するグループ間格差　　　(%)

	よくある	たまにある	あまりない	ほとんどない	合　　計
肯定的回答のグループ	2.2 (0.6)	24.8 (1.1)	42.8 (2.9)	30.2 (−4.2)	100.0 (n=1,158)
否定的回答のグループ	1.8 (−0.6)	22.7 (−1.1)	36.4 (−2.9)	39.1 (4.2)	100.0 (n= 906)
全　　体	2.0	23.9	40.0	34.1	100.0 (n=2,064)

(p=0.001, z=−3.416)

　有意差が認められ,「メル友」を友だちのイメージに持つ者は,アウトロー性が相対的に高くなることを示している。

5.5 利己性 （高校生：問6(2)(3)，教師：問8(2)(3)）

まず，利己性という変数について説明しなければならないであろう。これは，友だち間での規範意識を尋ねた質問で，それぞれの行為を自分が友だちに・された・場合と，自分が友だちに・した・場合の2つについても同じ質問を行い，それらの回答のズレを見ることによって，利己的か否かを捉えようとするものである。したがって，自分がした場合よりもされた場合の方により否定的な回答をしているケースを「利己的」，逆により容認する回答をしているケースを「自己犠牲的」，回答が変わらないケースを「一致」と分類した[15]。

4.2で見た友だち（友人）間での規範意識a，b，cを，ここではそれぞれ友だち（友人）間規範a，b，cとして表している。

表2-22 友だち（友人）間規範a（約束をすっぽかす） （%）

	自己犠牲的	一致	利己的	合計
高校生	25.7	71.3	3.0	100.0 (n=2,106)
教師	34.5	65.1	0.4	100.0 (n= 550)

表2-23 友だち（友人）間規範b（雰囲気を台無しにする）(%)

	自己犠牲的	一致	利己的	合計
高校生	44.2	50.3	5.5	100.0 (n=2,106)
教師	41.2	57.4	1.5	100.0 (n= 549)

表2-24 友だち（友人）間規範c（気持ちを察しようとしない） (%)

	自己犠牲的	一致	利己的	合計
高校生	50.1	45.3	4.6	100.0 (n=2,104)
教師	56.1	42.8	1.1	100.0 (n= 549)

これらを見ると，規範bでは大差ないものの，それ以外では教師の方がより自己犠牲的であるように見える。その統計的な有意差を確かめるべく，高校生・教師間で友だち（友人）間規範a，b，cのそれぞれについて，ウィルコクスンの順位和検定を行った。その結果はつぎの通り（a：

p=0.000, z=−4.783, b：p=0.802, z=−0.251, c：p=0.002, z=−3.065)。友だち間規範 a，友だち間規範 c においては，有意差が認められた。利己性といっても実際には「一致」の比率もかなりを占め，「自己犠牲的」と「一致」とでそのほとんどが占められることから，高校生の利己性について言及する際には，自己犠牲度が下がるといった表現の方が適切かもしれない。

以上が利己性に関する高校生と教師の比較であるが，「メル友」のイメージによるグループ分けでの有意差は，いずれも確認できなかった。紙幅の都合もあり，それらの表や有意確率の数字などは省略するが，「メル友」という友だちのイメージを持つ者と利己性との結びつきは認められないと言えるだろう。

これらの結果を見ると，確かに，「メル友」というイメージによって友だちの範疇が広がっていることはうかがえるが，これが一般的な規範意識の低下につながっているわけではないことが分かる。利己性に関しても，教師と比較すると高校生の方に利己性は高く出るものの，「メル友」というイメージに関しては関係性は認められない。ただ，友だちとの感情の共有には敏感であると思われ，盛り上がりを大切にしない行為に対する抵抗感は大きい。このことは，若い世代に特有の友だち観を示唆しているが，一緒にいて楽しい気持ちになれるということが「友だち」の条件として重んじられる傾向を示しているのではないだろうか。若者の考えや意見がマス・メディアを使って伝えられる機会は少ないが，NHK 教育で放送されたメル友に関する 10 代の少年少女による討論番組[16]によると，様々な議論はあったものの，結局は，悩みなど何でも分かり合えるような友だちは必要なく，あたかも恋人であるかのようにべったりの「重たい関係」から，会いたい時に会って楽しくなることが大切といった「軽い関係」，つながってはいたいけど必要以上にくっつきたくはない「つかず離れずの関係」が望ましいという意見が大勢を占めた。彼らは，こういった非常に繊

細な距離感を必要とする難しい人間関係の構築にさらされており，それが彼らの行為基準や価値基準となっているのではないだろうか。彼らの校則に対する不満や社会のルールから外れることへのあこがれは，既存のルールに対する疑問や不満とも受け取られるが，友だち関係のあり方そのものが変化し，神経を使う「しんどい」ものになってきているとするならば，そのなかでやりくりしていくための工夫として，新たな規範が必要となろう。これは，それを求める声の1つであると見ることはできないだろうか。ケータイ世代の特徴を記した武田は，若者言葉を評する中で1人の言語学の専門家の意見として，若者言葉の変化は文法的な欠如部分を埋める自然な変化であり，変わるべくして変わってきたという主張を取り上げる（武田 2002：72-81）。それと同じように，彼らの対人的な規範意識も人間関係のあり方によって変容してきているとは考えられないだろうか[17]。つまり，既存の規範と新たな友だち観にもとづく人間関係構築のための規範とのせめぎ合いの中で起こってきた意識低下という解釈にも一定の余地を残していると考える。人々の規範意識が変化する場合，一方的にその意識が低下するとは考えにくく，新たな社会規範といった社会からの要請の結果として，従来の規範意識が変容して見えるのかもしれない。

6．まとめ

　以上，友だちの特性を手始めに，若者の規範意識について考察を進めてきた。一般的な規範意識も友だち間の規範意識もともに低下しているという結果が示されたが，その結果をさらに吟味すべきといった点は，課題として残された。また，それ以外に，考慮すべき統計上の問題点もいくつか存在する。まず，高校生を若い世代の代表として，また教師を大人世代の代表として扱い，そこに規範意識の有意差を求めたが，特に後者の大人世代の代表として教師を取り上げている点である。今回は収集できたデータの都合上，このような比較をせざるを得なかったが，教師は大人世代の中

でも特殊な職業で，全体を反映しているとは言い難い。したがって，高校の現場における学生・教師間の規範意識として見る方がより適切かもしれない。また，教師については無作為抽出を行っているが，高校生はそうでない。このように，データの収集方法が異なるものを比較する問題も残される。つぎに，これは調査票で拾ったデータそのものに関することであるが，意識調査という性格上，どう思うかといった回答者の意識を拾ったもので，どのような行動をとったかという事実（「行動レベルの変数」（尾嶋 2001：8））を尋ねているわけではない。また，言及を意識レベルに限定したとしても，今回用意した変数がその意識をしっかりと拾えるものであったかどうかという点も疑問として残る。このような課題はあるものの，今回の分析が全く無意味であったとは考えない。尾嶋も言うように，「計量的モノグラフ」として範囲や現象の側面を限って言及することは，ある程度可能であろう。本章のような分析スタイルが彼の意図した計量的モノグラフの類にあてはまるかどうかは定かでないが，今回得られた若者の規範意識についての知見が今後の調査に生かされていけば幸いである。

　最後に，若者論の中に往々にしてある若者の規範意識低下という批判について，いくつか述べておきたい。若者論を語るのは分析者である大人の世代で，その解釈には一般化することが付き物だが，一般化して語りすぎると，ステレオタイプを作り出す危険性がある。つまり，規範意識の低いのは一部の者で，その割合が増えていることは事実であっても，そのことは，すべての若者の規範意識が低下していることを意味しているわけではない。しかし，そのように聞こえるのである。このことは W. リップマンや D. J. ブーアスティンが憂慮した問題へと結びつく（Lippmann 1922；Boorstin 1962）。たとえ社会調査であっても，社会科学の一分野である限り，その結果は社会の側へとフィードバックしていくことから免れえないが，マスコミが犯しがちなそういった過ちは慎重に避けるべきであろう。大人によって若者に疑惑の目を向けるラベリングの圧力は，きちんとした説明の機会さえ奪ってしまう。そんな状況が，「おまえに関係ねえじゃん」

といった表現をもたらすこともあるだろう。それは，大人に対する「何で大人はそんなに無神経なんだ」という意識の表出方法なのかもしれない。若い世代が対人関係により繊細になっているとすれば，大人世代の規範が若者にとっては規範破りを意味することもある。たとえば，友だちに求める関係にしても，心を開いて悩みをうち明け合うような関係を友だちに求めるのは古い人間関係の発想であって，そのような関係は家族や恋人だけで十分じゃないかと，若者に反論されかねない。また，もめ事の元となるようなものを持つほどお互いに近づかないというのも，彼らなりの礼儀と考えられるだろう。その意味で，彼らにとっては「親しき仲にこそ礼儀あり」なのかもしれない。このように，何を規範として重んじるべきであるかによって，規範破りとなる軸は変化していくのである。

　よしんば若者の規範意識低下が真実であったとしても，人の規範は社会の中で形成される。その限り，若者の規範の問題は大人，とりわけ親の規範の問題と直結しているであろう。千石は親や教師の問題にも触れているが（千石 1991：199-226），彼自らも述べるように，若者の規範意識の低下を叫ぶ前に，大人が道徳共同体としての社会の柱となる新しい規範の構築を急ぐべきではないだろうか。そして，大人がそれを示せないでいることが，若者の規範意識の基盤を揺るがせていると言えるだろう。警察官・政治家・裁判官・教師・公務員などの不正，食品偽装，データ改ざん，粉飾決済などなど，これまでは人間関係の強い縛りの中でふせられることが多かったと思われることも，内部告発という形で明るみに出るようになった。これも，それまでの枠にとらわれない，新たな規範意識の胎動の一つと見ることはできないだろうか。もしそうであるならば，横並びや画一化，同一化をよしとしてきた強固な既存の価値観や規範を突き崩す，若い世代のパワーに期待したい[18]。

第 2 章 友だち関係と規範意識

[注]

1) 『青少年白書（平成13年版）』（内閣府 2001：23-41）第1章第1節「各種調査にみる今日の青少年」。
2) 例として参照したのは，『青少年白書（平成13年版）』（内閣府 2001）第1章第1節，および『教育と社会に対する高校生の意識——第4次調査報告書——』（片瀬一男編 2001）。
3) 著書の中で，彼は「心理主義化」を以下のように定義している。さまざまな社会的現象を個人の心理から理解する傾向や，自己と他者の「こころ」を大切にしなければならないという価値観，そのために必要な技法の知識が，社会のすみずみに行き渡ってきている。といっても，だれかからそれを押しつけられているわけではない。むしろ我々のほとんどが"自発的に"心理主義を受容し，その重要性を唱えている。ゆえに，心理主義は空気のような当たり前の存在と化しつつある。現代社会を特徴づける一つの「生活態度（エートス）」といえよう。このような傾向を"心理主義化"と呼ぶことにする（森 2000：15）。
4) たとえば大村（1989）などに見られる。
5) これを物語るものの1つとして，森は大平健（1995）の著書『やさしさの精神病理』から，若者の「行き過ぎたやさしさ」に関する次のような例を紹介する。

　　たとえば，ある少女は通学途中の電車で座っているとき，おじいさんが自分の前に立っていたので，席を譲ってあげようかと思ったが，年寄り扱いしたら気を悪くするかもしれないと思い直して，寝たふりをしたらしい。おじいさんを傷つけないよう席を譲らなかったのは「私たちのやさしさ」だが，そのやさしさを理解しない周囲の乗客にジロジロみられたくなかったから寝たふりをしたのだと語る（森 2000：99-100）。

　このように，彼らには彼らなりの礼儀として，理由付けが存在していることを示す。ただ，その理由付けが時に自分たちだけ（あるいは自分だけ）のもので，大人と共有されていないことが問題であろう。「キレ」て殺人に至る場合にもそこにはその行為を正当化する彼らなりの理由がある。それは，傷つけてはならぬ，あるいはたとえそのようなことが偶発的に起こったとしても，相当の配慮をもって扱われるべき自らの人格という神聖なるものを汚されたからだと森は考える。相手の人格への配慮を厳格に行ってきた自分にとって，この人格崇拝という道徳に違反した者に罰をくだす行為として正当化されるというのである（森 2000：195-6）。また，人格崇拝が衰退しているとする主張の1つとして中島梓（1991）の『コミュニケーション不全症候群』と取り上げるが，「見知らぬ他人」への配慮のなさと「知り合い」への配慮が混在する理由として，「知り合い」や「友人」など私的関係において要求される「聖なる自己」への配慮のレベルがこれまでよりも上がるため，公共的空間で「見知らぬ他人」に配慮する余裕がなくなることから起こる現象なのだと説明し，中島の主張を退けている（森 2000：104-11）。
6) コリンズは儀礼の構成要素として以下の5つをあげる（Collins 1988：44-45）。①対面的な集合，②相互に知覚されている注意の焦点，③共通した情緒的ムード，④以上3つの要素がそろうことによるムードの高まり，⑤儀礼によって引き起こされる

道徳的情緒を再生産するためのシンボルの形成.
7) 通常,計量分析には属性による分析が用いられるが,問題の性質上,あるいは私の問題意識から,「学校タイプ」「文系・理系」「高校卒業後の進路」「将来就きたい職業」といった変数は分析に用いていない.
8) 『若者ライフスタイル資料2000』(食品流通情報センター編 2000:389)ベネッセ教育研究所「高校生の他者感覚——ゆるやかな人間関係の持ち方——」より.
9) このウィルコクスンの順位和検定とは,データに正規分布を仮定しないノンパラメトリック検定の一種で,順位データの中央値に差があるかどうかを検定する方法であり,数量データを扱う通常の平均値の差の検定(t検定)を用いることは避けた.
10) 1「抵抗を感じる」,2「やや抵抗を感じる」,3「あまり抵抗を感じない」,4「抵抗を感じない」の選択肢番号をそのまま得点化し,それぞれの項目ごとに平均点を算出後,その点数が少ないものほど,抵抗感が強いものと考えた.第1章でも述べられているように,教師の場合ほとんどの項目で抵抗感が強く,各項目ごとの標準偏差も高校生より小さい.また,項目間に見られる平均点の差も教師の方が小さいことから,平均点そのものが有する値の重みは両者で異なるであろう.それをここではあえて排除し,相対的に捉えることを試みているわけだが,これらの点は順位づけに反映されないため,言及しておく必要があろう.
11) 『情報メディア白書2002年版』(電通総研編 2002:194)図表Ⅰ-24-24「若者の通信費(固定+携帯)と携帯電話普及率」より.
12) これに関する森の説明は,注5の後半部分ですでに触れた.
13) 調整済み残差とは,平均0,標準偏差1の正規分布に近似的にしたがうもので,その絶対値が2以上の箇所は,特徴的であることを示す.
14) 「メル友」を友だちのイメージとするか否かについて,男女差も見たが,有意差は見られなかったため,性別による違いは考慮していない.
15) これはあくまでも「自分がされた場合」と「自分がした場合」の回答におけるズレにもとづいて分類しているため,たとえば,「された場合」が「3.何とも思わない」,「した場合」が「3.悪いとは思わない」と,どちらも規範意識の低い回答をしている場合でも,「一致」に分類される.したがって,規範意識の高低とは切り離された,「利己性」として考えている.
16) NHK教育テレビ『真剣10代しゃべり場』.テーマ「ケータイにメモリーしている人は友だち?」(2002年4月20日放送).
17) 藤村正之は,現代の若者たちの人間関係やコミュニケーション状況を示す言葉として,「みんなぼっち」という考え方を設定する.みんなとは形だけでも連んでいるので,決して「ひとりぼっち」ではない.しかし,かと言って,その場に一緒にいるみんなに合わせるわけでもなく,それぞれ「ひとり」なのである.集団の中で奇妙に保たれる個別性.そこでは濃密なコミュニケーションは「うざったいもの」として避けねばならない.藤村は若者の人間関係のあり方と規範意識をこのように分析している(富田・藤村編 1999:6-7).
18) 藤村の「みんなぼっち」という考え方を受けて,富田英典はそれによって作られる新しい社会関係の可能性を示唆する.それによると,若者にとっての誠実さは「相手に対する誠実さ」から「自分に対する誠実さ」へと移り変わり,外的に規定された

「制度的役割」から，自分の判断で物事を選択してゆく「自己によって規定された役割」にもとづく社会関係へと移行する可能性があるという（富田・藤村編 1999：125-127）。

[文献]

Boorstin, D. J., 1962, *The Image ; or, What Happened to the American Dream,* New York : Atheneum.（=［1964］1991，星野郁美・後藤和彦訳『幻影の時代』東京創元社.）

Collins, R., 1988, "Theoretical Continuities in Goffman's Work," P. Drew and A. Wootton eds., *ERVING GOFFMAN,* Cambridge : Polity Press, 41-63.

Durkheim, É.,［1912］1960, *Les Formes Élémentaires de la Vie Religieuse, Le Système Totémique en Australie,* Quartième Édition, Paris : Press Universitaires de France.（=［1941］1991，古野清人訳『宗教生活の原初形態 上・下』岩波書店.）

Goffman, E., 1967, *Interaction Ritual : Essays in Face-to-Face Behavior,* New York : Anchor Books, Doubleday and Company Inc.（=1986，広瀬英彦・安江孝司訳『儀礼としての相互行為』法政大学出版局.）

電通総研編・制作，2002，『情報メディア白書 2002 年版』電通.

Hirschi, T., 1969, *Causes of Delinquency,* California : University of California Press.（=1995，森田洋司・清水新二監訳『非行の原因——家庭・学校・社会のつながりを求めて』文化書房博文社.）

石村貞夫，1997，『SPSSによる分散分析と多重比較の手順』東京図書.

―――――，1998，『SPSSによる統計処理の手順［第 2 版］』東京図書.

片瀬一男編，2001，『教育と社会に対する高校生の意識——第 4 次調査報告書』東北大学教育文化研究会.

Lippmann, W.,［1922］1954, *Public Opinion,* Fourteenth Printing, New York : The Macmillan Company.（=［1987］1992，掛川トミ子訳『世論（上）』，［1987］1991，掛川トミ子訳『世論（下）』岩波書店.）

森真一，2000，『自己コントロールの檻』講談社.

内閣府，2001，『青少年白書（平成 13 年版）』.

中島梓，1991，『コミュニケーション不全症候群』筑摩書房.

尾嶋史ее編，2001，『現代高校生の計量社会学——進路・生活・世代』ミネルヴァ書房.

大平健，1995，『やさしさの精神病理』岩波書店.

大村英昭，1989，『新版 非行の社会学』世界思想社.

大村英昭・宝月誠，1979，『逸脱の社会学——烙印の構図とアノミー』新曜社.

佐藤郁哉，1992，『フィールドワーク——書を持って街に出よう』新曜社.

千石保，1991，『「まじめ」の崩壊』サイマル出版会.

―――――，1997，『「モラル」の復権』サイマル出版会.

食品流通情報センター編，2000，『若者ライフスタイル資料 2000』文栄社.

武田徹，2002，『若者はなぜ「繋がり」たがるのか——ケータイ世代の行方』PHP 研究

所.
轟亮,2001,「職業観と学校生活感――若者の「まじめ」は崩壊したか」尾嶋史章編『現代高校生の計量社会学――進路・生活・世代』ミネルヴァ書房,129-158.
富田英典・藤村正之編,1999,『みんなぼっちの世界――若者たちの東京・神戸 90's[展開編]』恒星社厚生閣.
内田治,1997,『すぐ分かる SPSS によるアンケートの調査・集計・解析』東京図書.
―――,2002,『すぐ分かる SPSS によるアンケートの調査・集計・解析[第 2 版]』東京図書.

第3章　高校生の学歴＝地位達成志向
―― その現状と展望 ――

室井研二・田中　朗

1．分析枠組み

　本章では学歴と職業生活に対する高校生の規範意識について検討する。注目したいのは，いわゆる「学歴＝地位達成」志向の現代的な様相である。学歴＝地位達成志向とは，教育や学歴の価値を職業的地位達成のための手段的有効性といった観点から評価する考え方のことだ。「いい学校」→「いい就職」→「幸福な人生」といった人生モデルを胸に抱き，そのような目標の実現を目指して日々の学業に努力する規範的志向性，とでも言い換えられようか。ところで，そもそもこのような価値志向はどのような歴史的経緯から生みだされたものなのだろうか。

　学歴を地位達成との関連で価値づける教育観が広く社会的に定着するようになるのは高度経済成長期である。それ以前の戦後改革期には教育の指導理念といえば「民主主義」であり，市民としての政治的責任能力の育成を旨とした市民教育が規範とされていた。教育目標がそのようなものであったため，学校教育はどの学校段階においても自己充足的価値をもたねばならないとする「完成教育」の理念が支配的であった。このような教育理念は，教育を就職や出世のための手段として位置づける今日の「準備教育」理念（学歴＝地位達成志向）とは基本的に相容れないものであったといえるだろう。

ところが高度成長期にかけて，日本の学校教育は大きく変貌を遂げる。この頃から日本社会の政治的争点は「民主化」から「産業化」へとその基調を変化させるようになるが，そのような動きと並行して教育改革においても経済の次元が前面にでてくるようになるのである。それは，一言でいうなら，教育と経済社会の能力主義的・学歴主義的再編とでもいうべき事態であった（藤田 1997）。国民の生活水準の全般的な底上げを背景に高等教育の大衆化が進みつつあったこと，またこの頃から従業別労働人口に占める雇用労働者の比率が急増し，彼らの採用や昇進の条件として学歴や学校歴が重視されるようになったことにより，学校社会と企業社会は「学歴」や「能力主義」を規範的媒介にして結びつきを強めていくのである[1]。

さて，学歴＝地位達成志向はこのようにして広く社会的に定着するようになるが，これまでの学歴・教育研究において，そのような価値志向の一体何が問題とされてきたのだろうか。主だった論点を幾つか挙げておきたい。そしてそれら諸論点が，我々の調査における検討課題でもある。

1.1 学歴主義の肥大説

入試競争の心理的重圧　まず指摘されるべき点は，受験競争が熾烈をきわめるようになったこと，またそれと関連して校内暴力など一連の学校問題が噴出するようになったことである。受験競争がヒートアップするようになったことにはそれなりの事情がある。生活水準が向上したことで国民の大多数が進学競争に参加できるだけの経済的余裕をもてるようになったこと，戦後の学制改革で学校体系が単線化されたため，学校タイプのいかんにかかわらず高卒者は全員大学進学への資格がもてるようになったこと，企業の雇用慣行が学歴・学校歴を重視したこと，等がそれである。とりわけ日本の企業（特に大企業）では終身雇用制が支配的な雇用慣行となっているため，学歴取得がその後の人生に対してもつ重みはよりいっそう大きなものにならざるを得ず，またそうであるがゆえに受験競争が生徒におよぼす心理的重圧もより深刻なものとならざるを得ない（天野 1980）。

受験競争自体は戦前からあったといえるが，藤田によれば，1970年代以降に問題化するようになった「受験地獄」には次のような新しさがあった。つまり高校は義務教育ではないにもかかわらず，この時期には高校進学率が9割を超えて準義務化段階に達したため，好むと好まざるとにかかわらずほとんどすべての生徒が入試競争への参加を半ば強制されるような社会的雰囲気が醸成されるようになった。そのため進学しないことを選択することは実質的に困難になり，また進学する場合も学校間に格差・序列があるかぎり，ほとんどすべての生徒が一元的な偏差値序列の中に位置づけられ，その中での自分の相対的な位置を否応なく意識させられるようになる。70年代以降に噴出する一連の学校問題も，その遠因は入試競争の大衆化が強要するこのような心理的重圧（およびそれに対する嫌悪や反発）に求めることができる，というのが藤田の説である（藤田 1983; 1997）。

　以上のような背後認識をふまえ，我々の調査でも高校生の受験競争に対する意識にスポットを当ててみることにしたい。学歴＝地位達成志向という規範意識との関わりで，今日の入試競争は高校生によってどのように受けとめられているのだろうか。

学校格差とトラッキング　次に検討したいのは学校格差の問題であり，それに随伴するトラッキングの問題だ。高校教育の大衆化は形式的には教育機会の平等化をもたらしたといえるが，実質的には上述したような事情から高校内部の学校間格差を助長することになった。もちろん，偏差値や有名大学への進学率によって序列づけられたそのような学校階層構造は法制的に定められたものではなく，インフォーマルな構成物にすぎない。単線型の学校システムを採用している日本の教育制度のもとでは，どのランクやタイプの高校を卒業しようと，生徒の大学進学機会は平等に保障されているのである。しかし実際には，どのランクの学校に入るかによって，生徒の進路選択の機会や範囲は限定されてしまう傾向がある。トラッキン

グとはこのように，学校ランクによる進路選択の制約など法制的には認められていないにもかかわらず，実際にはどのランクの学校に入ったかによって生徒の将来的な地位達成が大きく左右されてしまう傾向のことを指す（岩木・耳塚 1983)[2]。

トラッキングに関する教育社会学の研究では，とりわけ学校格差が生徒に及ぼす心理的効果に注目が注がれた。つまり，学歴や学校歴が就職や職務遂行に役立つ機能的価値を客観的にどの程度もっているのかとは無関係に，生徒の側がそのような価値の存在を主観的に信じこむことで学歴それ自体が象徴的価値を帯びるようになり，そのような形で「学歴神話」は自律的に増幅していく傾向がある。そして「学歴神話」へのこのような過剰適応は，生徒をしてその生徒が位置している学校ランク（トラック）にふさわしいとみなされるパーソナリティや進路選択を強力に内面化させる場合が多い。つまり一般的には，上位ランク校の生徒は学校生活や入試競争に対して同調的で，勤勉型の学校文化を形成する傾向があるのに対し，下位ランク校の生徒は「反」学校的，あるいは「脱」学校的な学校文化を形成し，地位達成志向をはやばやと自発的に放棄してしまう傾向がある。そして，生徒の側のそのような「先を見越した社会化」の主観的帰結として，現実の学校格差構造が補強，再生産されてゆく傾向があるのである。トラッキングの社会化機能に研究関心が集まったのもそのためである。我々の調査研究でもこれら先行研究の知見を参考にし[3]，学校ランクの相違によって生徒の学歴＝地位達成志向にどのような差異がどの程度見いだせるかを検討してみることにしたい。

1.2 「まじめの崩壊」説

1980年代後半から，学歴＝地位達成志向そのものの揺らぎを主題とした議論が散見されるようになった。代表的なものとして千石の見解を紹介しておこう。

千石は近年の若者の学校観や職業観にこれまでにない変化が生じてきて

いることを問題にし，それを「まじめの崩壊」と表現した。「まじめ」とは将来出世することやひとかどの人物になることを目指して，日々の学業に対して禁欲的に刻苦勉励する生活態度のことを指す。そしてそのような「まじめ」こそが，産業社会の形成と存立を支えた文化的エートスであった。ところが近年の若者たちの間ではそのような「まじめ」はむしろ嘲笑の対象になり，それに代わる新たな価値観が芽生えつつある。それは将来よりも現在（その時・その場）の欲求充足を重視し，仕事や出世よりも余暇や私生活，「自分らしさ」の表出を優先する「コンサマトリー（即自的）」な価値志向として特徴づけられる。千石がいう「まじめの崩壊」は，業績主義の空洞化，あるいは学歴＝地位達成志向の揺らぎと言い換えられよう。豊かさや情報・消費文化の浸透を背景に若者たちの地位達成意欲が弛緩し，将来に対する目標意識が希薄化しつつあること，そしてそのことが若者をして日々の学業や仕事に価値を見いだしにくくさせていることが主張されているのである（千石 1991）。

このような千石の見解を現実面で例証する社会現象として，「不登校」や「フリーター」といった問題を挙げることができる。いずれも 1980 年代後半以降に社会的認知を得るようになった言葉であり，その論じられ方には従来の逸脱的下位文化論とは明らかに異なった論調が見受けられる。例えば森田は，近年の不登校現象はかつての「登校拒否」とは異なり，学歴主義的教育システムに対する反発というよりはむしろ無意味感に根ざしていること，そしてそのような「気分」は特定の問題生徒だけでなく，潜在的には広く生徒全般に共有されるようになってきていることを主張している（森田 1991）。フリーターに関しても同様である。フリーターという言葉が従来の「無業者」という言葉とは別に考案され，定着するようになったのは，この現象に従来の無業者では捉えられない何かが社会的に察知されていたからであろう。そしてその「何か」としてしばしば指摘されるのが，若者の職業生活に対する目標意識の希薄化や迷いである（労働省 2000）。

先に触れた入試プレッシャーやトラッキングの問題は，学歴＝地位達成志向の肥大化やそれに対する学校システムの過剰同調に起因する問題であるのに対し，ここで問題にされているのは学歴＝地位達成志向そのものに対する意味喪失感の高まりである。換言するなら，前者では地位達成という目標に到達するための社会過程における弊害が問われたのに対し，後者ではそのような目標そのものの文化的正当性の揺らぎが問題にされているといえる。そしてこの後者の点についてもデータに即して検討してみることにしたい[4]。

1.3 「脱」地位達成志向と政治意識

「脱」という呼称が示唆するように，脱地位達成志向という言葉には地位達成志向「から」の離脱といった消極的な意味づけしか与えられておらず，それがどこへ向かおうとする志向性なのかについては不明確な部分が多い。最後に検討したい課題は，この「脱」地位達成志向がどのような規範的内実をもち，またそれをマクロ社会学的な観点からどう評価すべきか，という問題だ。

実はこの点，論者によって評価基準は多様であり，錯綜しているといえるだろう。このことは地位達成志向，そしてそれが依拠する能力主義規範自体の評価の難しさに由来するように思う。確かに，能力主義は身分制的な属性原理に対する進歩的な対抗原理であり，その点で評価されるべき規範である[5]。しかし他方で，そのような能力主義の肥大化が個人本位の出世競争を過熱させ，戦後民主化教育が理念としていた市民的公共性への関心を希薄化させる弊をもったことも多くの論者によって指摘されている。そして能力主義そのもののそのような評価の難しさが，近年における能力主義（学歴＝地位達成志向）の揺らぎをどう評価すべきかを困難にしているのである。

しかし大まかにいって，「脱」地位達成志向をどう捉えるかには大きく次の2つの立場があるといってよいだろう。1つはそれを「私化」の貫徹

過程として捉える立場である。もともと地位達成志向自体が個人主義に立脚していたといえるが，今日ではそのような個人主義がさらに深化した結果，全体社会のみならず学校や会社に対する献身価値も低下し，個人は専ら消費生活における趣味や私事に埋没・内閉するようになった，というのがこの立場の見解である（鈴木 1978；森田 1991）。他方，地位達成志向の揺らぎを従来の物質主義的，産業主義的ライフスタイルに代わる新たな意味探求の契機として肯定的に捉える立場もある。例えば今田は，地位達成志向の揺らぎを単なる個人の動機づけの問題に解消してしまわず，新しい市民的公共性（life politics）の萌芽を示唆するものとしてマクロ社会学的な観点から期待を寄せている（今田 2000）。

本章で注目したいのはこれらの点，つまり，「脱」地位達成志向が果たしてどの程度公共性への志向性を含んでいるのか，またそのような公共性志向はどのような性質のものなのか，という問題である。いうなれば，「脱」地位達成志向の政治的帰結を展望してみることが最終的な課題である。とりわけその際，この点に関する高校生全体の意識傾向を把握するだけでなく，学校タイプの別によってそのような公共性志向の内実にどのような相違が立ち現れるかに注目してみることにしたい。

2．学歴観

2.1 アンビバレントな学歴観

高校生の学歴観を探るためにわれわれが用意した質問文は以下の通りである。

a．近年の激しい受験競争は，生徒の人間性をゆがめている
b．学歴が高くないと，おとなになっていい仕事につけない
c．学校で学ぶことが，将来何の役に立つのかわからない
d．高い学歴を得るために，いっしょうけんめい努力すべきだ

e．できることなら，成績別のクラス編成にしてほしい
f．学校教育をゆとりあるものにするため，授業時間を減らすことに賛成である
g．すぐに役立たないにしても，勉強がわかること（教師票：知識を得ること）自体がおもしろい
h．学校にいるときよりも，学校の外での生活の方が楽しい（高校生のみの項目）

　aは入試競争の心理的重圧について，bとdは学歴の地位達成価値について，cとgは学校で学ぶ知識に対する無意味感（有意味感）について問うたものである。e，f，hは先述した理論仮説と直接的には関係しないが，近年の教育改革をめぐる諸論点などを意識して用意した。eは能力主義教育について，fは「ゆとり教育」について，hは高校生の生活全体の中で学校生活が占める比重について，高校生の意識を問おうとしたものである。

　以上の質問文の各々に対し，「そう思う」，「どちらかといえばそう思う」，「どちらかといえばそう思わない」，「そう思わない」，の4つの回答から1つを選んで答えてもらった。なお，同様の質問文，回答欄は，教師用の調査票にも用意した。

　高校生用調査と教師用調査の度数分布を示したものが図3-1である。

　想像力を喚起する結果が散見されて興味深い。例えば，e。最近の教育改革をめぐる議論では従来の学校教育を画一的平等主義として批判し，能力差に応じた指導を推奨する気運が高まっているが，高校生の側の能力主義教育に対する支持率はわずか16.8％で予想外に低かった。教師と比較するなら，能力主義教育を肯定する度合いはむしろ教師の方が高い。この結果は，能力主義教育を誰が何のために望んでいるのかについて再考を促す点で興味深い。あるいは，h。情報化の影響等で，近年の高校生にとって学校生活が生活全体の中で占める比重が低下してきていることがしばし

第3章　高校生の学歴＝地位達成志向　　　　　　　　　　77

a．受験戦争は人間性ゆがめる

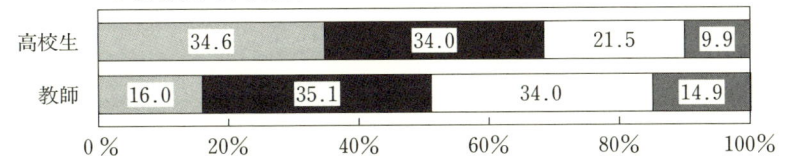

高校生	34.6	34.0	21.5	9.9
教師	16.0	35.1	34.0	14.9

b．学歴高くないといい仕事につけない

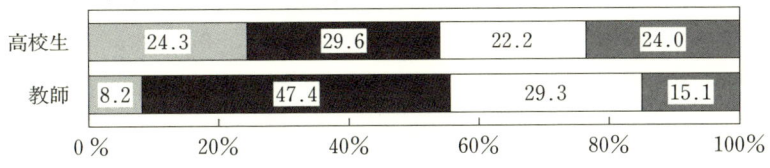

高校生	24.3	29.6	22.2	24.0
教師	8.2	47.4	29.3	15.1

c．学校で学ぶことが役に立つかわからない

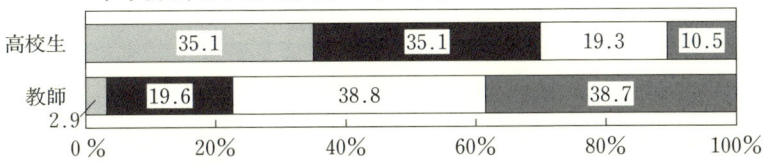

高校生	35.1	35.1	19.3	10.5
教師	2.9	19.6	38.8	38.7

d．高学歴獲得のため努力すべき

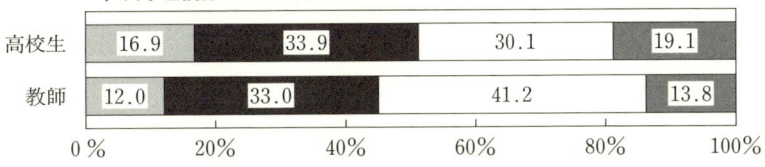

高校生	16.9	33.9	30.1	19.1
教師	12.0	33.0	41.2	13.8

e．成績別クラス編成希望

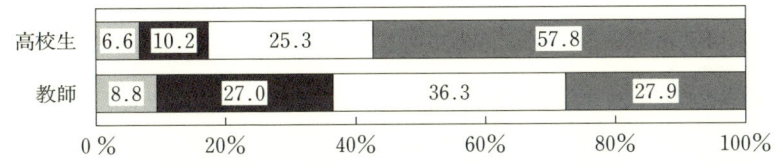

高校生	6.6	10.2	25.3	57.8
教師	8.8	27.0	36.3	27.9

f．授業時間削減に賛成

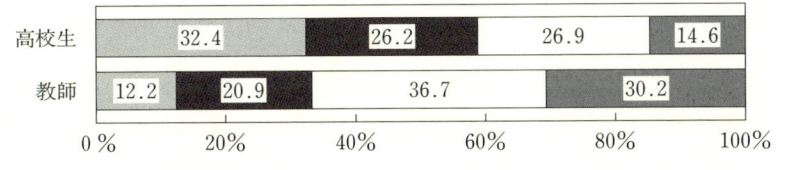

高校生	32.4	26.2	26.9	14.6
教師	12.2	20.9	36.7	30.2

g．勉強が分かる（知識を得る）こと自体おもしろい

	そう思う	どちらかといえばそう思う	どちらかといえばそう思わない	そう思わない
高校生	23.5	43.9	22.2	10.4
教師	61.6	35.7	2.4	0.4

h．学校の外のほうが楽しい（高校生のみの項目）

そう思う	どちらかといえばそう思う	どちらかといえばそう思わない	そう思わない
36.9	30.9	27.3	4.9

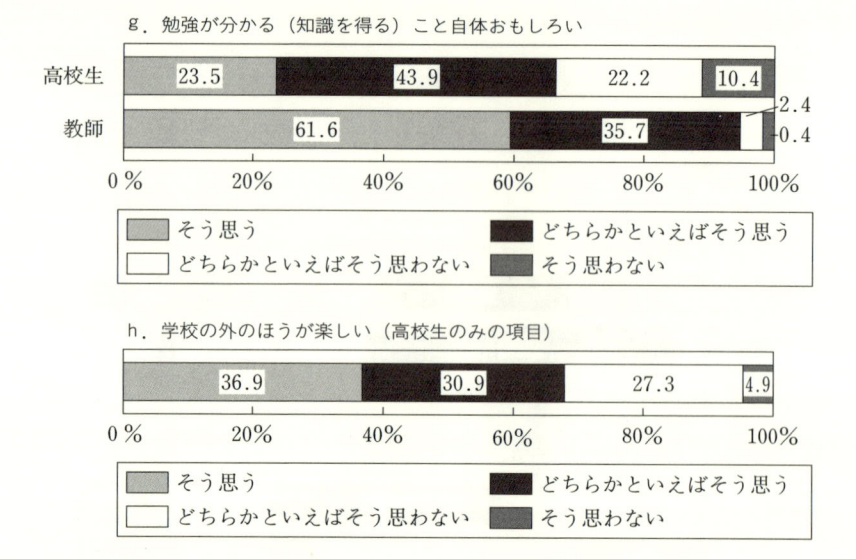

図 3-1　高校生・教師の学歴観

ば主張されるが（堀 2000；轟 2001），そのような見解をおおむね裏づける結果がでたといえるだろう。この質問項目は比較対象がないものの，「学校よりも，学校外の生活の方が楽しい」と感じている高校生は 67.8 ％にのぼっている。

　しかしここでは本章の分析枠組みとの関わりで，以下の点に注意を集中しておきたい。まず，高校生の方が受験競争の弊害や，勉強に対する無意味感をより強く感じていることである。a と c の結果によれば，高校生の 68.6 ％が「受験競争は生徒の人間性を歪めている」と感じており，70.2 ％が「学校で学ぶことが将来何の役に立つのかわからない」と感じている。この数値は，同じ質問項目における教師の数値（順に 51.1 ％と 22.5 ％）と比較して顕著に高い。

　しかし興味深いことに，他方では高校生の方が職業的地位達成における学歴の価値を相対的により強く信奉してもいるのである。b によれば，

「学歴が高くないといい仕事に就けない」に対して「そう思う」と答えた高校生は24.3％で，教師の8.2％に比べて顕著に高い。「どちらかといえばそう思う」も含めれば，学歴の地位達成価値を信じている高校生は全体の過半数を占める。また，高校生でそのような「学歴の取得に向けて一生懸命努力すべき」(d)と考えている者の比率も50.8％に上り，教師のそれ（45.0％）よりも高くなっている。

つまり，教師と比較した場合，高校生は受験競争や学校の勉強に対して反発や無意味感をより強く感じているにもかかわらず，いい就職のためには高学歴が必要であり，そのための努力を惜しむべきでないという意識も相対的に強いのである。常識的推論にしたがうなら，受験競争や勉強の価値に否定的であるほど，学歴取得に対するモチベーションは低くなることが予想されるのだが，事実はむしろ逆なのだ。一般に「脱」近代的価値をテーマにした議論では，勉強に対する意味喪失感の高まりと地位達成志向の揺らぎは連動した現象として捉えられがちであるが，事態はもう少し複雑なようである。学歴価値に対する高校生の意識は，肯定的でも否定的でもなく，そのいずれの志向性をも内包したアンビバレントなものであった。換言するなら，高校生の方が学歴や勉強の価値に対してより鋭い心理的葛藤を抱えているといえる。

2.2 学校タイプによる差異

教師との比較で見た場合の，高校生の学歴観の全体的な特徴が以上のようなものであるにしても，そのような意識はすべての高校生によって同じように共有されているものではないだろう。そこで次に，学校タイプの違いによって高校生の学歴観にどのような差異が見出されるか検討しておこう。表3-1は，各質問項目に対して，「そう思う」4点，「どちらかといえばそう思う」3点，「どちらかといえばそう思わない」2点，「そう思わない」1点という形で得点化し，学校タイプ別に平均値を算出し，分散分析を行ったものである。

表 3-1 学歴観の分散分析

	普通科A	普通科B	職業科	F値
a．受験戦争は人間性ゆがめる	2.73	2.96	3.00	8.9**
b．学歴高くないといい仕事につけない	2.71	2.60	2.23	23.8**
c．学校で学ぶことが役に立つかわからない	2.73	2.99	3.00	10.2**
d．高学歴獲得のため努力すべき	2.63	2.52	2.29	13.6**
e．成績別クラス編成希望	1.89	1.67	1.46	21.5**
f．授業時間削減に賛成	2.17	2.77	3.12	97.4**
g．勉強が分かること自体おもしろい	2.98	2.79	2.71	9.0**
h．学校の外での生活の方が楽しい	2.76	2.94	3.33	47.2**

**$p<0.01$

　分散分析の結果，すべての質問項目で明確な有意差がみとめられた。大まかにまとめるなら，普通科A，普通科B，職業科の順に，「向」学校・学歴志向が強いといえるだろう。もっとも，a「反受験競争」やe「成績別クラス編成」などについては，先述したように高校生を全体としてみた場合の回答の度数分布も重要と思われるため，学校タイプ間の差異を一面的に強調することには慎重な注意が必要である。しかしそれにしても，検出された差異は我々が予想していた以上にクリアであり，一貫性をもったものであった。

　特に，f「授業時間削減に賛成」に対する普通科A生徒の支持の相対的低さ，h「学校よりも学外の生活の方が楽しい」に対する職業科生徒の支持の相対的高さ，b「学歴高くないといい仕事に就けない」に対する職業科生徒の支持の相対的低さが目を引く。学歴＝地位達成志向の揺らぎは新しい価値変動の問題として論じられる向きもあるが，この調査結果からみる限り，それは価値志向の「揺らぎ」というよりは，学校ランクの下位に位置づけられた生徒の反発・反動として解釈した方が妥当であろう。ともあれ高校生の学歴観は依然トラッキングによる規定を強く受けているといえる。

これまでの分析結果を整理しておこう。教師と比較した場合，高校生には一方で勉強や受験競争に対して相対的に強い反発を感じつつも，他方では教師以上に学歴の価値を信じ，そのための努力志向も強いという矛盾した意識構造が相対的に強く見受けられた。その意味では，今日の高校生の学歴観に生じている変化は，学歴＝地位達成志向から「脱」学歴＝地位達成志向へのスムーズな移行というよりはむしろ，両方の志向性の葛藤の深化としてとらえておいた方が適切であろう。高校生の学歴観の全体的特徴をそのようなものとして押さえたうえで，次に学校タイプによる意識差についてみたところ，「脱」学歴＝地位達成志向は職業科においてより顕著に見られた。このことは，「学歴主義の揺らぎ」といった現象が，ポストモダン社会学が標榜するような新しい価値変動の問題であるだけでなく，従来的な逸脱的下位文化による規定を依然根強く受けた現象でもあることを示唆しているといえる。

3．地位達成志向 ── ライフスタイルと職業観 ──

3.1　学校タイプと進路・職業希望のリンケージ

　前節では高校生の学歴観に注目したが，本節ではその先にある，彼らの地位達成や職業生活に関する意識に注目してみたい。まず，卒業後の希望進路と希望職業を学校タイプ別にみておこう。
　表3－2が示す通り，普通科Aでは92.4％の生徒が大学進学を希望している一方で，普通科Bでは大学進学希望者は61.4％，職業科では12.1％と割合が低くなっており，そのぶん専門・各種学校や就職を希望するものが増えている。学校タイプに対応して，進路希望に明確な差異が生じていることが読みとれる。
　希望職業についてみても同様の傾向が見いだされる（表3－3）。普通科Aの生徒が医師や弁護士，管理職などの職業威信の高い職業（管理・専門1　48.7％）を希望する傾向が顕著なのに対し，職業科の生徒の21.4％

表 3-2　学校タイプ別進路希望　　　　　　　　　　　(％，人)

	大学進学(理系)	大学進学(文系)	短大進学	専門・各種学校	就職	未定など	計
普通科A	61.2	31.2	0.0	0.9	0.6	6.1	343
普通科B	20.8	40.6	3.3	12.6	6.7	16.1	1,310
職業科	5.5	6.6	7.9	21.7	35.1	23.2	207

表 3-3　学校タイプ別職業希望　　　　　　　　　　(％，人)

	管理・専門1	専門2	事務・販売・サービス	ブルー	その他	考えていない・分からない	計
普通科A	48.7	20.1	4.7	6.2	7.1	13.5	339
普通科B	8.0	34.2	24.1	9.0	7.5	17.2	1,307
職業科	1.3	28.2	26.0	21.4	6.6	16.5	454

管理・専門1：問3の9，10　専門2：11，12　事務・販売・サービス：6及び7，2，3
ブルー：1，4，5，8　その他：13，14

がブルーカラーを希望している。また普通科Bではそれらの中間ともいうべき職種，つまり教師や看護婦などある程度の専門性と職業威信を有した職業を志望する者が多い。

　まとめるなら，調査対象者となった高校生はまだ2年生であるにもかかわらず，進路希望と職業希望の双方においてトラッキング効果はほぼ貫徹しているといってよいだろう。特に，高校生にとってはまだ遠い先のことである職業希望に対しても学校タイプによって明確な差異がみられたことは，トラッキングがいかに深く生徒の意識に刻印されているかということを如実に表しているといえる。

3.2　高校生の地位達成志向Ⅰ：教師との比較

　彼らの地位達成志向についてもう少し具体的にみておこう。しかしその前に，「地位達成志向」という言葉について若干補足しておきたい。本章では地位達成志向という言葉を，千石がいう「まじめ」と同義に用いている。そして「まじめ」とは，中長期的な目標意識，社会的上昇意欲，仕事本位主義といった複合的内容をもつ概念であった。つまり，本章の分析で

は狭義の「地位」だけに注目しているのではなく，広く職業生活や社会に対する構えに注目した観点から，高校生の地位達成志向を総合的に捉えようとしているわけである。以下で検討する2つの質問群は，便宜上，「ライフスタイル」と「職業観」と呼ぶことにするが，我々の狙いはあくまでも両方の質問群を総合的に捉え，そのような観点から地位達成志向（「まじめ」）の現状を把握することにある。「ライフスタイル」の中には地位達成について直接尋ねた項目もあるが，その項目だけをもって地位達成を論じようとしているわけではないことを，最初に断っておきたい。

ともあれまずは教師との比較から，高校生の全体的な意識傾向を把握しておこう。

ライフスタイルについて我々が用意した質問文は以下の6つであり，その各々について，「重要である」，「やや重要である」，「あまり重要でない」，「重要でない」，の4段階で回答をもとめた。

a．高い地位につくこと
b．高い収入を得ること
c．他人との競争に勝つこと
d．社会のためにつくすこと
e．その日その日を，のんきにクヨクヨしないで暮らすこと
f．仕事や家庭のほかに，打ち込める趣味を持つこと

質問文のa，b，cが地位達成志向について尋ねたものであり，これらに対して肯定的であればあるほど地位達成志向が強いといえる。他方，d，e，fは地位達成以外の価値観について尋ねたものである。さしあたり，これらの項目群を仮に「脱」地位達成志向を示唆する項目として一括しておくことにしたい。いうまでもなくdとe，fは意味する内容が異なるが，その点については後で検討することにする。

ちなみに教師用調査では厳密な比較項目は設けなかったが，「あなたが

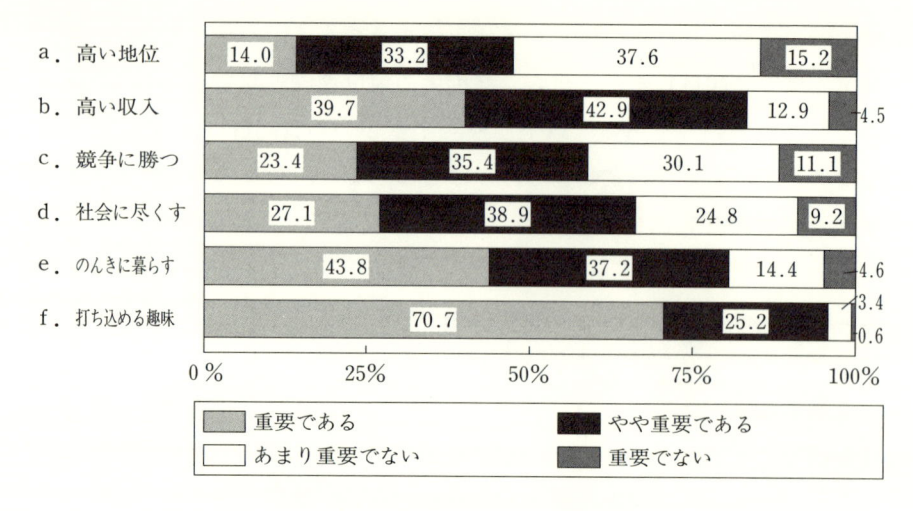

図3-2 ライフスタイル（高校生）

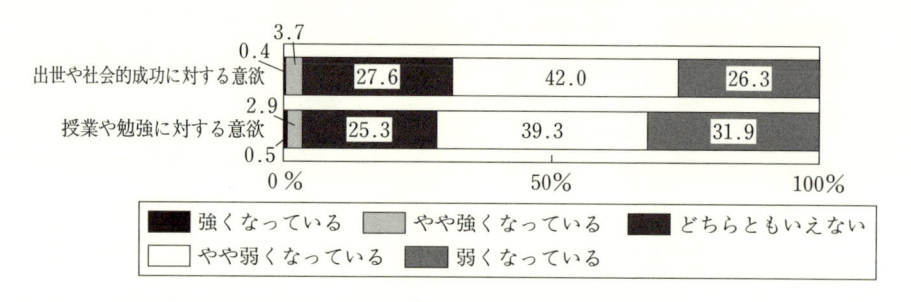

項目	重要である	やや重要である	あまり重要でない	重要でない
a．高い地位	14.0	33.2	37.6	15.2
b．高い収入	39.7	42.9	12.9	4.5
c．競争に勝つ	23.4	35.4	30.1	11.1
d．社会に尽くす	27.1	38.9	24.8	9.2
e．のんきに暮らす	43.8	37.2	14.4	4.6
f．打ち込める趣味	70.7	25.2	3.4	0.6

図3-3 自身の学生時代との比較（教師）

項目	強くなっている	やや強くなっている	どちらともいえない	やや弱くなっている	弱くなっている
出世や社会的成功に対する意欲	3.7	0.4	27.6	42.0	26.3
授業や勉強に対する意欲	2.9	0.5	25.3	39.3	31.9

高校生だった頃と比較して，高校生の気持ちはどう変化したと思いますか」という質問文で，①「授業や勉強に対する意欲」と，②「出世や社会的成功に対する意欲」について回答を求めた。これらの結果を示したものが図3-2，図3-3である。

まず図3-2，高校生の地位達成志向に関連する項目について見るなら，「収入」の重要性が目を引く。b「高い収入を得ること」を「重要である」「やや重要である」と答えた者は82.6％にのぼっている。それに続いて，c「競争に勝つ」（58.8％），a「高い地位」（47.2％）の順になってい

るが，bの収入との間にはかなりの落差がある。高校生の地位達成志向において収入が突出した位置を占めていること，それと比較して地位の重要性は低いことがわかる。「競争に勝つ」ことは高収入を得るための手段として重要とみなされるがゆえに，収入に次ぐ重要性が付与されていると推測できる。

次に，「脱」地位達成志向に関連する項目についてみておこう。まずいえることは，高校生にとってはこれらの項目の方が地位達成に関する項目よりも総じて重要性が高いとみなされていることだ。d「社会につくす」を「重要」「やや重要」と答えた生徒は66.0％，e「のんきに暮らす」は81.0％，f「打ち込める趣味を持つ」にいたっては何と96.0％にのぼっている。地位達成志向と「脱」地位達成志向は二律背反的なものとは言い切れないため，この結果をもって単純に前者から後者への移行を主張することはできないにしても，高校生の意識の中で地位達成以外の価値志向がかなりの比重を占めるようになっていることは明らかである。

このことは，間接的ながら，教師用の調査結果からもうかがえる。図3-3に示したように，自身の学生時代と比較して今日の高校生は「授業や勉強に対する意欲」が「弱くなっている」と感じている教師は71.1％，「出世や社会的成功に対する意欲」が「弱くなっている」と答えた教師も68.3％にのぼっている。もちろん，教師という職業の特殊性や生徒用調査票との質問文の相違を鑑みるなら，このことをもって今日の高校生の地位達成志向が以前よりも低下してきていると安易な断定はできないが，「地位達成志向の揺らぎ」に関する学界やマスコミの論調と，生徒と日頃身近に接している現場教師の実感とが大体一致していることは確認できる。

次に職業生活に関する意識をみておこう。用意した質問文は以下の8つであり，各々について，「そう思う」，「どちらかといえばそう思う」，「どちらともいえない」，「どちらかといえばそう思わない」，「そう思わない」，の5段階で回答を求めた。

a．きまった職業にはつかず，フリーターで生活したい
b．遠い将来の目標のために，したいこともしないで生きるよりも，現在の欲求に忠実に生きるべきだ
c．一生の仕事になるものを，できるだけ早く見つけるべきだ
d．ひとつの会社にとらわれるより，その時々に有利な会社で働きたい
e．年齢に関係なく，仕事ができるかどうかで給料や地位が決まる会社で働きたい
f．仕事よりも，趣味や自分の生活を優先させたい
g．会社に勤めるよりも，自分で会社をつくったり店をもったりしたい
h．何を基準に進路を決めてよいか，わからない（高校生のみの項目）

　a，b，f，hは仕事本位的な生き方からの離脱，あるいはその揺らぎを問うた項目である。これらの質問文は，若者の価値観のコンサマトリー化をめぐる諸説を参考にして作成した。それ以外の項目は職業生活の内実について，とりわけ日本的雇用慣行や雇用労働そのものの是非を問うた内容となっている。なお，教師用調査では，「あなたは生徒に，将来どのような職業生活を送らせたいと思いますか」という問い方で，全く同一の質問文と回答欄を用意した。教師は高校生よりも上の世代であるため，彼らの高校生に対する「願い」と，高校生自身の「希望」とのギャップから，多少強引ではあるが職業観の変化をいくらかでも垣間見ようとしたわけである。その結果が図3-4である。

　結果から読みとれるファインディングスとしてまず指摘しておきたいことは，高校生にとって仕事の意義そのものは無化してはいないということだ。a「フリーターで生活したい」と考えている高校生の割合は，教師の希望（0.4％）よりは高いとはいえ，4.2％と予想外に低かった。他方，c「一生の仕事を早く見つけるべき」と考えている高校生は71.1％と多く，この数値は教師の73.4％と比べても遜色ない。しかし他方で，h「何を基準に進路を決めてよいかわからない」高校生も44.9％にのぼって

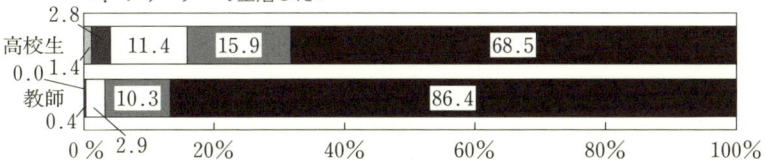

第3章　高校生の学歴＝地位達成志向

a．フリーターで生活したい

高校生	2.8 / 0.0 / 1.4	11.4	15.9	68.5	
教師	0.4 / 2.9	10.3		86.4	

b．将来の目標よりも現在の欲求を優先

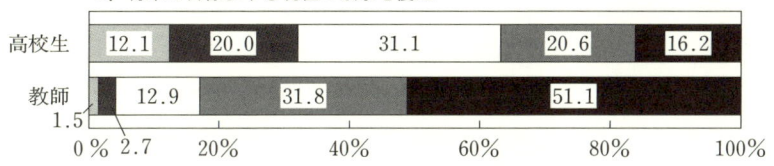

高校生		12.1	20.0	31.1	20.6	16.2
教師	1.5 / 2.7	12.9	31.8	51.1	

c．一生の仕事を早く見つける

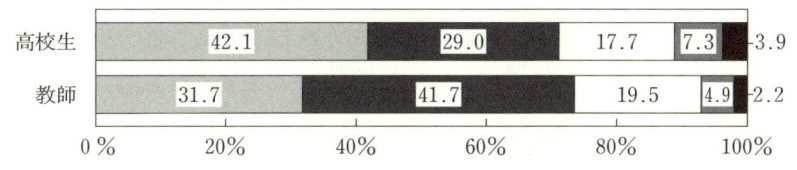

高校生	42.1	29.0	17.7	7.3	3.9
教師	31.7	41.7	19.5	4.9	2.2

d．時々に有利な会社で働く

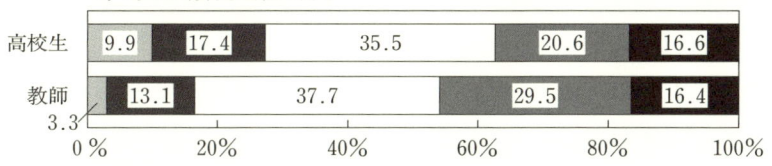

高校生	9.9	17.4	35.5	20.6	16.6
教師	3.3	13.1	37.7	29.5	16.4

e．年功制より業績主義を優先

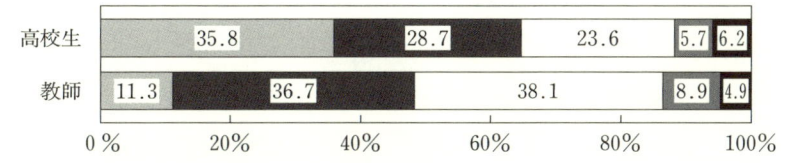

高校生	35.8	28.7	23.6	5.7	6.2
教師	11.3	36.7	38.1	8.9	4.9

f．仕事よりも自分の生活優先

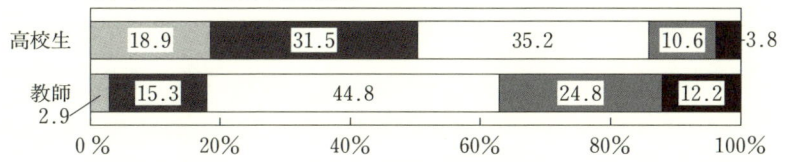

高校生	18.9	31.5	35.2	10.6	3.8
教師	2.9	15.3	44.8	24.8	12.2

g．会社に勤めるよりも，自分で会社をつくる

	そう思う	どちらかといえばそう思う	どちらともいえない	どちらかといえばそう思わない	そう思わない
高校生	16.2	19.2	25.7	20.8	18.1
教師	3.5	11.7	71.4	9.3	4.2

h．進路わからない（高校生のみの項目）

そう思う	どちらかといえばそう思う	どちらともいえない	どちらかといえばそう思わない	そう思わない
24.1	20.7	20.9	13.9	20.3

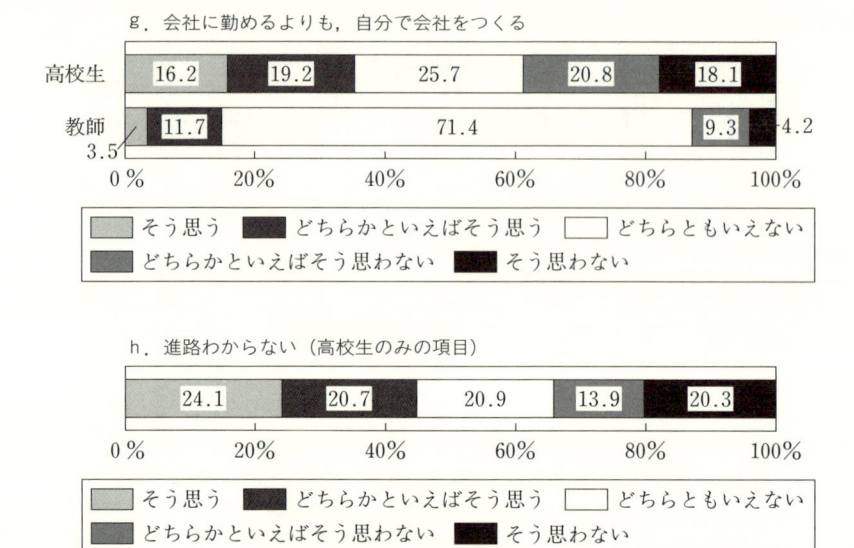

図 3-4　高校生・教師の職業観

おり，職業選択における葛藤が大きいこともうかがえる。

　もっとも，仕事に対する考え方という点では，高校生と教師の間には少なからぬ相違がある。第1に，高校生の方が日本的雇用慣行に対して批判的である。dの「時々に有利な会社で働く」に肯定的な回答をした高校生は27.3％。この数値は絶対値としてはそう高くはないが，教師（16.4％）と比較するなら高い。eの「年功制より業績主義を優先」にしても，それを肯定する高校生は64.5％であり，教師の48.0％よりも明らかに高い。終身雇用制と年功序列制に対し，教師の期待と生徒の希望には少なからぬ齟齬があるといえる。第2に，高校生の方が「脱」地位達成的な職業観が顕著である。fの「仕事よりも自分の生活優先」では高校生の50.4％がそれを肯定しているのに対し，教師は18.2％である。bの「将来の目標よりも現在の欲求に忠実にあるべき」でも，高校生の32.1％がそれを肯定しているのに対して教師は4.2％であり，大きな落差がみとめ

られる。
　これまでの分析を要約しておこう。高校生の地位達成志向は，全体的に「脱」地位達成志向よりもスコアが低く，その意味では弛緩してきているといえる。ただ，「収入」の重要性だけは突出して高く，地位達成志向の内実が地位よりも収入に傾斜していることが明らかになった。職業観についてみれば，仕事そのものの意義は決して失われてはいないものの，職業選択に関してかなり迷いが見られ，仕事以外の価値に対する志向性も教師より顕著に強かった。ライフスタイルに関する項目の結果とあわせて考えるなら，仕事は人生の目的というよりは手段としてみなされている向きが相対的に強く，「遊んで暮らすための仕事」（千石 1991）といった仕事観を彷彿とさせる結果になったといえるだろう。

3.3　高校生の地位達成志向，職業観Ⅱ：学校間の差異

　次に，上でみてきたような高校生の地位達成志向や職業観が，学校タイプの違いによってどのように異なっているのかについて検討しておこう。表3-4はライフスタイルに関わる項目に関して因子分析を行った結果であり，以後はここで得られた因子得点を分析に用いることにする[6]。第一因子は「高い地位」「高い収入」「競争に勝つ」が負荷量が高いので，この因子を「地位達成志向」と名づけ，「のんきに暮らす」「打ち込める趣味」

表3-4　ライフスタイルの因子分析（バリマックス回転後）

	地位達成志向	脱地位達成志向
a．高い地位	.851	.027
b．高い収入	.804	.013
c．競争に勝つ	.743	.129
d．社会につくす	.130	.496
e．のんきに暮らす	−.001	.728
f．打ち込める趣味	−.007	.725
固　有　値	1.939	1.319
寄　与　率 (%)	32.318	21.986

表 3-5　ライフスタイルの分散分析（因子）

	普通科A	普通科B	職業科	F値
地位達成志向	51.7	49.9	49.1	6.91**
脱地位達成志向	51.6	50.0	48.7	8.23**

**p<0.01

「社会につくす」の負荷量が高い第二因子を「脱地位達成志向」と名づけることにする。

　ここで注目に値するのが，脱地位達成志向因子に関して「社会のためにつくす」の因子負荷量が0.5ほど存在することである。冒頭でわれわれは脱地位達成志向と市民的公共性の関係について議論すると述べた。例えばこの点，今田は「達成的地位志向」（地位達成志向とほぼ同義）と「関係的地位志向」（社会参加活動や余暇活動の領域での人間関係重視志向）を区別し，人々の中で後者が無視できない重要性を帯びてきていることを指摘している[7]。彼の議論に従うなら，地位達成志向からの逸脱は必ずしも「私化」の貫徹ということにはならず，むしろ市民的公共性の萌芽を示唆するものと捉えることもできる。そして因子分析の結果から見る限り，我々のデータからもその側面が見いだされたわけだ。この「社会のためにつくす」の内実については4節で詳しく述べることにする。

　先の因子分析から得られた因子得点を平均50分散10に基準化した上で，学校タイプ別に平均値を算出し，分散分析を行ったものが表3-5である。

　結果をみれば，地位達成志向，脱地位達成志向ともに1％水準で有意な差が見られ，ともに普通科A，普通科B，職業科の順に値が高くなっている。地位達成志向が進学校ほど値が高いということは，進学校ほど学歴主義に同調的であるという2節の結果と整合的である。いわゆる「いい学校」→「いい就職」→「幸福な人生」という学歴＝地位達成志向は進学校の生徒ほど強く，他方，職業科の生徒はそれを放棄する傾向がみられる。地位達成志向の弛緩は全体レベルで進行している可能性があるが，同時に学校タイプによる差異（トラッキング効果）も明確であり，特に職業科生

表 3-6　職業観の因子分析（バリマックス回転後）

	脱近代的職業観	業績・出世志向	定職志向
a．フリーター志向	.432	.178	－.529
b．現在の欲求に忠実	.692	.080	.080
c．一生の仕事見つけるべき	.148	.045	.833
d．その時々に有利な会社	.119	.685	－.102
e．業績主義の会社で働く	.010	.668	.426
f．仕事より趣味優先	.589	.218	－.172
g．自営志向	.117	.578	－.189
h．進路分からない	.635	.061	.028
固　有　値	1.475	1.340	1.239
寄　与　率（％）	18.436	16.750	15.482

徒のそれは，学歴観の場合と同様，学校階層の劣位に位置づけられた生徒の心理的反動として解釈されるべきであろう。しかし他方で注目に値するのは，「脱」地位達成志向についても普通科Aが相対的に高い数値を示したことだ。つまり，進学校の生徒は地位達成志向と「脱」地位達成志向いずれの項目においてもポイントが高い。

続いて職業観についても同様の分析を試みた（表3-6）。第一因子は「フリーター志向」「現在の欲求に忠実」「仕事よりも趣味優先」「進路分からない」などの，仕事本位的な生き方からの離脱あるいは揺らぎを示している項目の負荷量が大きい。これを「脱近代的職業観」と名づけておきたい。第二因子は「その時々に有利な会社」「業績主義の会社で働く」の因子負荷量が高いため「業績・出世志向」と，第三因子は「定職志向」と呼ぶことにする。

抽出されたこれらの因子に関して，同様に学校タイプによる平均点を算出し分散分析を行ったのが表3-7である。すべての因子に関して有意差が見いだされた。業績・出世志向は普通科Aが他と比べて高い値を示している。定職志向についても同様である。このように進学校ほど業績・出世志向が高いということは，これまでの分析で得られた「進学校ほど学歴地位達成志向が強い」という結果と合致する。しかしここで注目しておきた

表 3-7　職業観の分散分析（因子）

	普通科A	普通科B	職業科	F値
脱近代的職業観	47.3	50.3	51.1	15.62**
業績・出世志向	51.9	49.5	50.0	7.80**
定職志向	51.0	50.2	48.7	6.01**

**$p<0.01$

いことは，脱近代的な職業観が普通科Aほど低く，職業科ほど高くなっているということだ。このことは先のライフスタイルに関する分析結果といささか矛盾する。

　千石が論じた「まじめの崩壊」は，将来よりも現在（その時・その場）の欲求充足を重視し，仕事や出世よりも余暇や私生活，「自分らしさ」の表出を優先する「コンサマトリー（即自的）」な価値志向として特徴づけられる。つまり彼の議論に従うならば，ライフスタイル項目における脱地位達成志向と，職業観における脱近代的職業観の同時浸透こそが「まじめの崩壊」といえるだろう。

　だが本章で得られた，ライフスタイルにおける脱地位達成志向では進学校のほうがスコアが高く，職業観における脱近代的職業観では職業科の方が高いという結果は，彼の議論にいくらか修正を迫るものであった。進学校の生徒は地位達成志向や「一生の仕事を早く見つけるべき」などの近代的職業観を相対的に強くもつと同時に，仕事以外の領域でも積極的に自己実現を図ろうとしている。他方，職業科の生徒は，学歴＝地位達成志向が弱いからといって，そのぶん私生活の面で生きがいを見つけようとする態度が強くみられるわけでもなく，むしろ仕事と私生活の双方に対して消極的な姿勢が見受けられる。つまり，伝統的な地位達成志向（＝「まじめ」）からの逸脱形態には，積極的に私生活を充実させようとする層と，社会との関わりに対して全般的に消極的な層という2つの位相が見受けられるのである。

　このことは次のことからも確認できる。先に我々は地位達成志向（＝

「まじめ」）の揺らぎと市民的公共性の関係について議論すると述べたが，脱地位達成志向と脱近代的職業観とでは公共性への志向が正反対の様相を呈している。先の因子分析で確認されたように，脱地位達成志向には公共性志向が少なからず含まれていたが，脱近代的職業観と「社会のためにつくす」は負の相関（−0.14）を示す。このように公共性を軸にすれば，先に述べた2つの位相はさらに際立つこととなる。

いずれにせよ，これまでの分析結果を鑑みる限り，地位達成志向の揺らぎや職業観の変化といった現象は，「ポストモダン」といった言葉では安易に片づけられない問題のようである。学歴観の場合と同様，それは一方で確かにそのような新しい価値意識の台頭（あるいは近代的価値の揺らぎ）を示しつつも，他方では学校階層に対応した従来的な学校下位文化（トラッキング効果）による規定も根強く受けており，かつそれら両方の側面が複雑に絡み合っていることが読みとれるのである[8]。

4．公共性への志向性

これまでは地位達成志向以外の項目を一括して脱地位達成志向と表現してきたが，本章の最終的な目標は，冒頭でも触れたように，高校生の地位達成志向の揺らぎがどのような政治的帰結をもたらすのかを占うことにあった。そこで，「脱」の内実を改めて検討してみることにしよう。

先に表3-4で示したように，「脱」地位達成志向の因子構造は，「趣味」や「のんき」といった私生活志向と，「社会のために尽くす」という公共性志向の2つの柱から構成されている。もっとも，回答の度数分布から判断して，「脱」の内実が前者の私生活志向を基調としていることは明らかである。しかしそのことを前提とした上で，ここでは後者の「社会のためにつくす」に注目してみることにしたい。この項目の因子負荷量は.496と微妙ではあるが，以下では脱地位達成志向の中に含まれる公共性志向としてこの項目に注目し，その内実について掘り下げた分析を試みることに

する。

　まず，この項目に対して肯定的な回答の割合を学校タイプ別にみると，普通科A，普通科B，職業科の順に高くなっている（注の付表1参照）。つまり，学校階層の上位に位置する生徒ほど，社会貢献意識が強い。しかし，「社会のためにつくす」という質問文は多義的であり，生徒がどのような意味で「社会のためにつくす」と考えているのかは定かではない。そこでこの点をより実体的に捉えるため，以下のような操作を試みた。

　まず，この項目に肯定的な回答（「重要である」と「やや重要である」）をした人を学校タイプ別に抽出してみた。その結果，普通科Aで250人，普通科Bで873人，職業科で265人の「社会貢献派」が抽出された。そしてこれら各学校タイプの社会貢献派が，他の質問項目に対してどのような回答傾向を有しているのかを探ってみることにした。そのような作業を通して，「社会のためにつくす」の意味内容をより実体的に捉えようとしたわけである。

　ここでは，学歴観に関連する問11，ライフスタイルに関連する問12，職業観に関連する問14の各質問群に対して，社会貢献派の平均点を学校タイプ別に算出し，分散分析を行った（得点化の方法はこれまでと同じ。図表は省略）。その結果を簡単にまとめるなら，以下のようになる。

　学歴意識に関してみれば，すべての質問項目で有意差が認められた。普通科Aの社会貢献派がフォーマルな学校的価値に対して総じて同調的であり，そのような価値志向は普通科B，職業科の順に低くなる傾向が一貫してみられた。ライフスタイルについては，「高い地位」，「競争に勝つ」，「打ち込める趣味」の各項目で有意差がみられた。これらの項目に対して普通科Aの社会貢献派は相対的に肯定度が高く，そのような価値志向は普通科B，職業科の順に低くなっている。職業観についてみれば，「フリーター志向」，「現在の欲求に忠実」，「業績主義の会社で働く」「自営志向」「進路分からない」の各項目で有意差がみられた。「フリーター志向」「現在の欲求に忠実」「進路分からない」については職業科の肯定度が高く，

第3章　高校生の学歴＝地位達成志向

表 3-8　国家観の分散分析

	普通科A	普通科B	職業科	F値
f．戦争の加害責任とるべき	3.61	3.95	4.13	14.51**
g．国権が私権に優越	1.85	1.79	1.79	0.43
h．自国文化が他国に優る	3.17	3.18	3.15	0.10
i．国歌・国旗を肯定	2.86	2.74	2.68	1.61
j．意味ない伝統放棄すべき	3.02	2.76	3.00	6.85**

**$p<0.01$

「業績主義志向」については普通科Aの肯定度が高く，「自営志向」については普通科Bの肯定度が低くなっている。

　要するに，「社会のためにつくす」と回答した点では同じであっても，既存のメリトクラシーシステムに対する構えという点では，学校タイプの相違に対応して明確な差異が見いだされた。つまり，普通科Aの社会貢献派はフォーマルな学校的価値やメリトクラシーシステムに対してより同調的なスタンスをとっており，他方，職業科の社会貢献派はそれらの諸価値に対して批判的（あるいは離脱的）な傾向が相対的に強い。普通科Bの社会貢献派は総じてそれらの中間に位置しているといえる。

　次に，「社会のためにつくす」の内実をより立ち入って探るため，各学校タイプの社会貢献派がどのような国家観をもっているのかをみてみた（表3-8）。問18のf，g，h，iは排外主義（自民族中心主義）的，国権主義的なナショナリズムに関連する項目である。換言するなら，これらの項目は，普遍主義，平和主義，市民主義といった戦後民主主義の諸理念との対立軸を成す，いわゆる「右」寄りの国家観に対する意識を問うたものであるといえる。

　表をみて注目に値するのが，f「戦争の加害責任とるべき」が普通科Aの社会貢献派で値が有意に低いことである。他の項目をみても，有意ではないとはいえ，全体的に普通科Aの生徒が「右」よりの国家観をもっていることが見受けられる。つまり，普通科Aの社会貢献派における「社会の

ためにつくす」の内実は，国家観との関わりにおいて「右」寄りの志向性を相対的に強く含んだものであるこということができよう。他方で，普通科Bと職業科の社会貢献派はそのような志向性が相対的に弱く，その意味では彼らの公共性志向の方が市民主義的，戦後民主主義的な色合いが強いといえる。

この結果は我々にとって意外であった。一般にフォーマルな学校的価値は戦後民主主義的な諸理念と親和性をもつと考えられるため，常識的な推論に従うなら，学校システムに順応している生徒ほどリベラル（＝反ナショナリズム的）な志向性が強いことが予想される。逆に，学校システムの劣位に置かれている生徒の間では，そのような学校的価値に対する無知あるいは反発から，戦後民主主義的な諸価値に対しても反動的な下位文化が形成されやすいと考えるのが通常であろう。しかし事実はその逆であった。

特に我々の関心を引いたのが，進学校の社会貢献派にみられた保守志向であった[9]。ちなみに彼／彼女らの保守志向は，純粋な文化的保守主義とは異質なものである。「伝統」そのものの存続意義を聞いた問18jでは，進学校生徒の方に否定的な回答が有意に多かった。彼／彼女らの保守意識は，国家と国民，あるいは国家間関係を念頭に置いた，あくまでも政治的な保守志向であるといえる。しかしこれまでの分析からすでに明らかなように，彼／彼女らは私生活主義的な価値志向も旺盛であり，その点では旧来的な政治的保守とも一線を画しているといえるだろう。

どうして学校階層の上位に位置する生徒の「脱」地位達成志向が政治的保守志向と親和性をもつのか，そしてそこでみられる保守意識の構造とはどのようなものなのか。これが我々の今後に残された課題である。トラッキングが依然大きな効力を有していることを鑑みるなら，彼ら学校エリート層が，しかもその中でも社会貢献意識が旺盛な者たちが，やがて社会の権力的中枢を占めるであろうことは大いに予測できる。そのことを考慮するなら，先の問いかけは日本社会の将来展望を占う上でも大きな重要性を

もっているといえるだろう。

5．ま と め

これまでの分析の要点をまとめておこう。

学歴観(1) 教師との比較で見た場合，高校生の方が受験競争や勉強に対して反発・無意味感をより強く感じていること，しかしその一方で，学歴の地位達成価値をより強く信奉し，そのための努力を惜しむべきではないとより強く考えていることが明らかになった。つまり，高校生の勉強・学歴に対する価値意識には矛盾が含まれており，教師と比較して学歴主義に対する心理的葛藤がより強くうかがえる。

(2) もっとも，高校生の学歴観には学校タイプの違いによって明確な差異がみとめられた。つまり，学校ランクの上位に位置する生徒ほどフォーマルな学校的価値に対して肯定的であり，学校ランクの下位に位置する生徒ほどそのような諸価値から離脱的である。また，進路希望，職業希望に関しても，学校ランクに対応したトラッキング効果が鮮明にみとめられた。まとめるなら，学歴規範に対する高校生の意識には葛藤がみられるが，他方では従来的なトラッキングによる社会化機能も根強く存続していることが明らかになった。

ライフスタイル(1) 教師との比較を行わなかったので判断が難しいが，高校生の意識の中では「脱」地位達成志向の方が地位達成志向よりも総じて重要性が高くなっていること，約7割の教師が現在の高校生は地位達成志向が低下していると感じていることなどから，高校生の地位達成志向には幾分揺らぎが生じていることが推察できる。なお，高校生の地位達成志向の内実が「地位」よりも「収入」に傾斜していることも明らかになった。

(2) 学校タイプ別にみると，普通科Aの生徒が地位達成志向と「脱」地

位達成志向のいずれにおいてもスコアが有意に高かった。進学校生徒の意識においては，これら2つの価値志向は背反するものというよりも，相互に増幅し合う関係にあるようである。他方，職業科の生徒はいずれの志向性も低く，社会に対する構えそのものに消極性がうかがえた。

職業観(1) 高校生の就職そのものに対する価値づけは依然として高く，「仕事離れ」は思ったほど進んでいなかった。しかし進路の選択については迷いも多く，職業生活に関する確固としたモデルを見いだしにくい状況が察せられた。また，仕事に対する考え方という点では，高校生の方が教師よりも年功序列制や終身雇用制といった日本的雇用慣行に対してより否定的な意識をもっていること，「脱」地位達成的な職業観を肯定する度合いが高いことが明らかになった。

(2) 学校タイプによる職業観の差異に注目するなら，普通科Aの生徒で業績主義志向が，職業科の生徒でコンサマトリー志向がより顕著にみられた。この職業科生徒にみられるコンサマトリー志向は，若者論でいわれるような新しい文化的価値変動に関係する現象などではなく，メリトクラシーシステムの周辺に位置することから生じた文化的反動現象として解釈した方が妥当であろう。

「脱」の位相 学歴観，ライフスタイル，職業観に関する分析を通してみえてきたのは，伝統的な地位達成志向（「まじめ」）からの逸脱形態には2つの位相があるのではないか，ということであった。1つめは，進学校型の「脱」であり，そこでは地位達成志向と「脱」地位達成志向とが背反することなく同居している。出世や成功に対する意欲はあくまでも保持しつつ，仕事以外の諸価値（趣味や社会活動）に対しても貪欲に触手を伸ばそうとする，旺盛な社会的態度がこのタイプの「脱」の特徴となっている。2つめは，職業科型の「脱」であり，そこではメリトクラシーシステムに対する不満が基調にあるが，激しい反発というよりは，社会に対する構え

自体が消極的であることが特徴となっている。「まじめ」からの逸脱志向にしても，いわば「捨て鉢」的な様相が強くうかがえる。ともあれ，「脱」地位達成志向には，上述したようなエリート型と劣位反動型の2つの位相が見られたことを確認しておきたい。価値意識やライフスタイルの「ポスト」モダン現象は，文化的な現象としてだけでなく，鋭く階層的規定を受けた現象として措定しておく必要がある。

政治意識　最後に，「脱」地位達成志向の中に含まれる公共性志向（「社会のためにつくす」）に注目し，その内実について分析を加えたところ，以下のことが明らかになった。

(1)　既存のメリトクラシーシステムに対する構えという点に関し，進学校生徒の公共性志向はそれに対して同調的であり，そのような同調の度合いは普通科B，職業科の順に低くなる。つまり，同じく「社会のためにつくす」といっても，メリトクラシーシステムを容認する方向での「つくす」なのか否認する方向での「つくす」なのかについて，学校タイプの別によって明確な差異が検出された。

(2)　公共性志向と国家観の関連についてみたところ，進学校生徒に「右」寄りの公共性志向が相対的に強く見いだされた。学校エリート層にみられるこのような政治的保守意識は，興味深い問いを提起しているように思う。まず，教育基本法と平和憲法を大枠として形成されてきた戦後日本の学校教育システムに最も順応しているはずの生徒に，どうしてそのような理念に背反するような志向性が相対的に強くみられるのか，という問いである。さらに，そのような公共性志向をもった彼／彼女らこそが今後日本社会の権力的中枢に就くであろうことを鑑みるなら，このような保守意識のさらなる解明は日本社会の将来展望を占う上でも重要な研究課題であるといえる[10]。

[注]
1）以上の叙述にあたっては，太田（1978），堀尾（1994），藤田（1997）等を参考にした。
2）藤田はトラッキングを「複線型学校システムのように法制的に生徒の進路を限定するということはないにしても，実質的にはどのコース（学校）に入るかによってその後の進路選択の機会と範囲が限定されること」と定義している（藤田 1980）。
3）トラッキングに関する先行研究は枚挙に暇がないが，教育社会学の分野では耳塚（1980），岩木・耳塚（1983），苅谷（1986, 1995），竹内（1995）等がその代表に挙げられよう。また，同様の研究は社会階層研究（SSM 調査）の分野でもかなり蓄積されている。最新の研究成果として近藤（2000）等を参照のこと。
4）「まじめの崩壊」テーゼについて実証的検証を試みた先行研究として，轟（2001）が挙げられる。
5）能力主義（メリトクラシー）の概念や歴史的意義については Young（1958）を参照。
6）ライフスタイルと職業観の，各項目ごとの学校タイプ別の得点および分散分析結果は，下表の通りである。

付表1　ライフスタイルの分散分析（項目別）

	普通科A	普通科B	職業科	F値
高い地位	2.57	2.35	2.22	7.22**
高い収入	3.04	3.15	3.04	0.03
競争に勝つ	2.82	2.56	2.39	3.33*
社会につくす	3.01	2.85	2.68	12.38**
のんきに暮らす	3.30	3.25	3.27	0.45
打ち込める趣味	3.77	3.70	3.65	3.43*

$**p<0.01$　$*p<0.05$

付表2　職業観の分散分析（項目別）

	普通科A	普通科B	職業科	F値
フリーター志向	1.49	1.55	1.87	11.40**
現在の欲求を優先	2.44	2.88	2.93	5.25**
一生の仕事見つけるべき	3.90	3.95	3.66	6.41**
その時々に有利な会社	3.00	2.80	2.80	1.13
業績主義の会社で働く	4.08	3.77	3.64	4.16*
仕事より趣味優先	3.49	3.43	3.46	0.17
自営業志向	2.78	2.75	2.92	1.53
進路分からない	2.91	3.19	3.18	5.56**

$**p<0.01$　$*p<0.05$

7) 地位達成志向に関する研究には，社会階層研究では今田の他に片瀬・友枝（1990）がある。彼らの研究でも地位達成を重視する「階層志向」に加えて，私生活に生きがいを見つける「私生活志向」が論点に挙げられている。
8) 地位達成志向の揺らぎといった現象に，階層と関連した複数の位相があることについては耳塚（2001）を参照のこと。耳塚は「フリーター」に着目した観点からこのことについて論じているが，我々の分析においても大きな示唆を得た。
9) ここで普通科Aの公共性志向だけを取り上げるのは，普通科Bと職業科のそれについては説得的な解釈が思いつかなかったからであり，それ以上の積極的理由はない。しかし，職業科生徒にみられる公共性志向は，「反」メリトクラシー志向と「反」国家主義志向がどうして同居しているのかという興味深い問いを投げかけているといえるし，普通科B生徒のそれは相対的に特徴が薄いものの，彼／彼女らこそが数の上でのマジョリティを占めることを鑑みるなら，そのような「中間的」意識の分析も無視することはできない。いずれも今後に残された重要な研究課題である。
10) 進学校生徒にみられる保守意識については，第5章でより包括的に取り上げられる。本章の分析はそれを地位達成志向の側面から補足する位置づけをもつといえる。合わせて読んでいただければ幸いである。

[文献]

天野郁夫，1980，「学歴社会の病理」『現代のエスプリ』152：84-100．
藤田英典，1980，「進路選択のメカニズム」山村健・天野郁夫編『青年期の進路選択』有斐閣，105-129．
―――，1983，「高校教育の量的拡大と質的変容」『現代のエスプリ』195：25-34．
―――，1997，『教育改革――共生時代の学校づくり――』岩波書店．
堀健志，2000，「学業へのコミットメント　空洞化する業績主義社会についての一考察」樋田大二郎・耳塚寛明・岩木秀夫・苅谷剛彦編『高校生文化と進路形成の変容』学事出版，165-183．
堀尾輝久，1994，『日本の教育』東京大学出版会．
今田高俊，2000，「ポストモダン時代の社会階層」今田高俊編『日本の階層システム5　社会階層のポストモダン』東京大学出版会，3-53．
岩木秀夫・耳塚寛明，1983，「高校生――学校格差の中で――」『現代のエスプリ』195：5-24．
苅谷剛彦，1986，「閉ざされた将来像――教育選抜の可視性と中学生の「自己選抜」――」『教育社会学研究』41：95-109．
―――，1995，『大衆教育社会のゆくえ』中央公論社．
片瀬一男・友枝敏雄，1990，「価値意識」原純輔編『現代日本の階層構造2　階層意識の動態』東京大学出版会，125-147．
近藤博之編，2000，『日本の階層システム3　戦後日本の教育社会』東京大学出版会．
耳塚寛明，1980，「生徒文化の分化に関する研究」『教育社会学研究』35：111-122．
―――，2001，「高卒無業者層の漸増」矢島正見・耳塚寛明編『変わる若者と職業世界――トランジッションの社会学――』学文社，89-104．

森田洋司, 1991, 『「不登校」現象の社会学』学文社.
太田堯編著, 1978, 『戦後日本教育史』岩波書店.
尾嶋史章, 2001, 「高校生活の変容と進路・態度形成」尾嶋史章編『現代高校生の計量社会学』ミネルヴァ書房, 203-210.
労働省編, 2000, 『労働白書』.
鈴木広, 1986, 「たえず全体化する全体性と, たえず私化する私性」鈴木広著『都市化の研究』恒星社厚生閣, 542-548.
千石保, 1991, 『「まじめ」の崩壊』サイマル出版会.
竹内洋, 1995, 『日本のメリトクラシー 構造と心性』東京大学出版会.
轟亮, 2001, 「職業観と学校生活感――若者の「まじめ」は崩壊したか――」尾嶋史章編『現代高校生の計量社会学』ミネルヴァ書房, 129-158.
Young, Michael, 1958, *The Rise of the Meritocracy, London*: Thames & Hudson Ltd. (=1982, 窪田鎮夫・山元卯一郎訳『メリトクラシー』至誠堂.)

第4章　ジェンダー・トラックの再生産

中村晋介

1．調査概要

　1985年，日本教育社会学会の機関誌『教育社会学研究』（第40集）は特集として「女性と教育」を取り上げた。この特集号により，社会学的なジェンダー論を教育現場に適用することの有効性が，我が国でも広く人口に膾炙するようになった。

　その12年後，『教育社会学研究』は再び「教育におけるジェンダー」と銘打った特集号（第61集）を発刊した。この号では，「女子の教育達成，職業達成をめぐる議論」を中心にすえた社会学的研究の重要性が提起された（中西・堀　1997：79）[1]。

　高度経済成長期以後，我が国では女子の高等教育進学率が男子のそれを追う形で急速に上昇した。しかし，女子の高学歴化がそのまま，女性の職業達成や社会進出に反映されたわけではなかった。我が国で生起したのは，むしろ「職業達成や社会進出を生み出さない女性の高学歴化」という現象であった。本現象が発生・再生産され続けるプロセスを解明することが，社会学者たちの第一義的な努力目標とされたのである。

　社会学者たちはまず，この現象の背景にある，トラッキングとしての「女子専用軌道」の存在を解明した（中西・堀　1997：79）[2]。高等教育を受ける女子の数それ自体は確かに増えていたが，その大半は，短期大学，女子

大，家政系・人文系などに集中していた。理工学や医学，法学，経済学などの分野——卒業後に「高い」社会的地位をもたらす可能性が高い専攻分野——に進学した女子学生は著しく少なかったのである。専攻分野にみられるこのような偏りを，女性の職業達成や社会進出を特定の閉鎖的な階層空間の内部に限定させる要因と把握する理解が広く共有されることになった。

しかし，「女子専用軌道」の存在証明は，特定の時点におけるトラッキングのありようを示すものであっても，トラッキングの再生産というダイナミックなプロセス全体を照射するものではない。ここに気がついた時，社会学者の目は，行為主体（agent）たる女子生徒たちが，実践的（practical）に，特定の学問分野，職業やライフコースを選択していく過程に向かうことになった（天野 1988：282）。この力点変更は，研究対象となる「女子学生」の年齢引き下げを意味する。女子大や家政・人文系の大学，女子短期大学といった高等教育課程が「女子専用軌道」の一部と判定された以上，この軌道の再生産を解明しようとする研究者の目は，必然的に女子学生たちがその軌道に乗り込む前の教育課程，すなわち中等教育課程以下のカリキュラムに向かわざるを得ない。

この認識のもとに，1980年代中盤から1990年代にかけては，幼稚園から高等学校といった教育現場に特化した重要な研究が次々と提示された（e.g. 森 1989，1995；宮崎 1991，1993；氏原 1996；木村涼子 1997；中西 1998）。これら「新しい学校社会学」では，しばしばシンボリック相互作用論やエスノメソドロジーといった「解釈学的フォーマット」が採用された。教室内における生徒の行動や，生徒と教師とのミクロな相互行為の様態を緻密かつエスノグラフィックに描き出す方法論に，「性的分化のダイナミックな生成メカニズムについての分析的で実証的な研究」（天野 1988：282）を達成する期待が寄せられたのである[3]。

しかし，この「新しい学校社会学」は，現在いささか停滞気味だという指摘がなされている（木村涼子 1999：11）。停滞の主たる理由として，調

査方法論それ自体が持つ2つの問題が推察できる。第1は、研究者の主観的「解釈」を中心に据えることが持つ（素朴な意味での）「実証性」や「追認性」の欠落に由来した問題である。この欠落は、提示されたモデルに対する反証可能性を封殺し、結局はモデルそれ自体を擬似社会学のレベルに差し戻してしまうだろう。この方法論にしたがった場合、研究者が抱く視点の矛先がプラクティカルに限定されてしまう可能性が高いことが第2の問題である。こうなった場合、研究者は、それと自覚しないまま、データを抽出する範囲を、より容易にデータを取得できる場面——例えば教室内における教師と生徒との相互作用——に限定する可能性が高い（木村涼子 1990：155, 1999：11）。このように限定された材料から構築されたモデルの有効性もまた、極めて限定的なものとなるだろう。

このような先行研究の展開を顧みると、中等教育における性的分化システム（ジェンダー・トラッキング）に関する量的調査研究の意義が急浮上する。本章はこの認識から発進したい。著者はまず、我々が採取した調査データ全体における、ジェンダー・トラッキングの発現状況を評価する。次に、いわゆる「チャーター理論」（内容は後述）を補助線としつつ、トラッキングの再生産プロセスをクリアに把握する方法論を定めるとともに、分析対象となるデータの範囲を「普通の高校に通う普通の女子高校生」[4]に限定する。この新たに作成されたデータセットをもとに、ジェンダー・トラッキングが再生産されるプロセスについての理念型を提示したい[5]。具体的な射程は「男子と同じような学業成績を修めている女子高校生が、なぜ特定の進路——「女性向き」とされてきた職業や、結婚や出産を契機に専業主婦となる道——を選び取っていくのか」という問題に合わされている。

2. 方法論の設定

2.1 女子専用軌道

まず,「将来つきたい職業」に関して明らかなヴィジョンを持っている対象者——問3で選択肢1～13に○をつけた者——に限定して,性別ごとに学校タイプと希望職種との連関を調査した（表4-1）。対象となった設問の回答選択肢は16項目にわたるが,本章の問題意識のもとに,これらを「男性向き職業・ホワイト」（選択肢番号9, 10, 11）,「男性向き職業・ブルー」（選択肢番号1, 4, 5, 8）,「中立的職業」（選択肢番号3, 6, 7, 13）,「女性向き職業」（選択肢番号2, 12）の4カテゴリーに統

表4-1　希望する職種　(%)

普通科A	男性向き ホワイト	男性向き ブルー	中立的	女性向き	合 計
男　子　(n=221)	57.0	8.6	32.6	1.8	100.0
女　子　(n= 65)	60.0	3.1	26.2	10.8	100.0
全　体　(n=286)	57.7	7.3	31.1	3.8	100.0

Wilcoxonの順位和検定　$Z=-3.01$　$p=0.76$

普通科B	男性向き ホワイト	男性向き ブルー	中立的	女性向き	合 計
男　子　(n= 403)	11.7	22.6	49.1	16.6	100.0
女　子　(n= 639)	8.9	4.2	32.1	54.8	100.0
全　体　(n=1,042)	10.0	11.3	38.7	40.0	100.0

Wilcoxonの順位和検定　$Z=-11.97$　$p<0.0001$

職業科	男性向き ホワイト	男性向き ブルー	中立的	女性向き	合 計
男　子　(n=162)	1.2	58.6	27.8	12.3	100.0
女　子　(n=208)	1.9	1.0	25.5	71.6	100.0
全　体　(n=370)	1.6	26.2	26.5	45.7	100.0

Wilcoxonの順位和検定　$Z=-12.87$　$p<0.0001$

表 4 - 2　職業継続意志　　　　　(女子のみ：％)

	結婚後も仕事	出産後退職その後復職	結婚/出産後退職専業主婦に	合　計
普通科A　(n= 49)	53.1	36.7	10.2	100.0
普通科B　(n=543)	42.2	43.1	14.7	100.0
職 業 科　(n=156)	37.8	42.9	19.2	100.0
全　　体　(n=748)	42.0	42.6	15.4	100.0

女子のみに質問，「そのときに考える」「結婚するつもりはない」「その他」といった回答は欠損値扱い。Kruskal Wallis 検定 $\chi^2=4.55$ (df=2)　p=0.10

合した（選択肢番号 14, 15, 16 は欠損値扱い）。

　表 4 - 1 は，学校タイプによって希望職種，職業継続意志のあり方が大きく異なっていることを示している。一般的に「進学校」とされる「普通科A」のカテゴリーでは，性別による進路分化に有意差は現れなかったが，「普通科B」や「職業科」といったカテゴリーでは，男子は「男性向き職業」，女子は「女性向き職業」を志向する傾向が現れていた（特に職業科高校においては，女子の7割が「女性向き」とされている職業を希望していた）。また，結婚や出産を機会に退職する意志を示している女子の比率は，「職業科」でもっとも高く，「普通科A」でもっとも低かった[6]。

　次に，女子生徒のみを対象に，学校タイプと結婚後の職業継続意志（問16 a）との連関を調査した。なお，この表でも職業継続意志を問うた設問の回答選択肢を，3項目に整理・統合している（表 4 - 2）。

2.2　目的の再設定

　前項で見たように，性差による職業アスピレーションの分化は，「普通科A」＜「普通科B」＜「職業科」という形で大きくなっていた。また，結婚や出産を機会に退職するという伝統的女性像に賛同する女子の比率も，「普通科A」＜「普通科B」＜「職業科」の順で高くなっていた。

　しかし，トラッキングにもとづく社会化と進路分化の過程が，高校に入学する以前からシーケンシャルに始まっていることを忘れてはならない。

そうである以上，この結果から，対象者を「普通科A（とされた学校）に通う生徒」，「普通科Bに通う生徒」，「職業科に通う生徒」の3群に分けて，その属性を比較する論理展開をとることは，いささか軽率だと言わざるを得ない。このような単純比較は，学校チャーターが入学前の対象者に対して発揮した予期的社会化の効力と，対象者が現在その影響をうけつつある「（在学する高校で展開されている）学校内部メカニズム」の効力（中西1998：69）とを，プラクティカルに混同させる可能性が高いからだ[7]。

この問題点は，Meyer（1977）が提唱し，志水宏吉（1987）や中西祐子（1993, 1998）によってわが国に導入された，いわゆる「チャーター理論」の発想を導入することで回避できる。チャーターとは，「特定の属性を備えた人間を作り出してもよい」という形で，社会が学校ごとに付与した「免許」のようなもの，すなわち「個々の学校に付与された生徒の社会化に関する社会的合意」と定義できる（志水 1987：170；Meyer 1977：60）。チャーターは「ある学校がいかなる人間を作り出しているか」を社会的に正当化することを通じて，その学校の在校生，あるいはその学校を志望する入学前の受験生に対して，卒業後の進路を予期的に内面化させる効果を持つ（予期的社会化）。また，チャーターは，既に卒業した生徒に対しても，「その学校の卒業生にふさわしい」特性を身につけさせたり，「その学校の生徒にふさわしい進路」に進ませる効果（遅延的社会化）をも発揮する（中西 1998：68-70）。

チャーターが発揮するこれらの効果を，積極的に従来のトラッキング研究に導入したものが，先述の「チャーター理論」である。同理論がもたらした重要な命題は，「特定の学校に進学する見通しが立っているもの（＝生徒）は，入学以前から進学先のチャーターを予測し，その学校がつくりあげるといわれる特性を受け入れ始める」というものであった（中西1998：70）。本章はトラッキング研究に関するこの理論的展開を積極的に導入したい。すなわち，採取されたデータの中から，比較的近似したチャーターの影響を受けてきたと考えられる者——具体的に言うならば

表4-3 「普通科B」グループの高校に通う女子高校生の意識

① 希望する職種 (%)

	男性向き ホワイト	男性向き ブルー	中立的	女性向き	合計 (n)
私立A高校	22.5	6.2	34.1	37.2	100.0 (129)
公立W高校	8.4	3.5	25.2	62.9	100.0 (143)
公立X高校	3.2	1.6	35.5	59.7	100.0 (62)
公立Y高校	1.8	4.8	39.2	54.2	100.0 (166)
公立Z高校	7.9	3.6	27.3	61.2	100.0 (139)
全体	8.9	4.2	32.1	54.8	100.0 (639)

Kruskal Wallis 検定　$\chi^2=8.92$ (df=4)　p=0.063

② 職業継続意志 (%)

	結婚後も仕事	出産後退職 その後復職	結婚/出産後退職 専業主婦に	合計 (n)
私立A高校	60.5	28.1	11.4	100.0(114)
公立W高校	31.1	48.4	20.5	100.0(122)
公立X高校	36.5	38.5	25.0	100.0(52)
公立Y高校	30.4	55.6	14.1	100.0(135)
公立Z高校	51.7	40.0	8.3	100.0(120)
	42.2	43.1	14.7	100.0(543)

Kruskal Wallis 検定　$\chi^2=32.14$ (df=4)　p<0.0001

「普通の高校に通う普通の女子生徒」——を抽出した上で，彼女たちが現在通っている高等学校という「場」に充満する一種の「圧力」（＝中西のいう「学校内部メカニズム」の効力）によって「女子専用軌道」を選び取っていくプロセスに関するモデルの提示を，本章の目的として再設定したい[8]。

先行する章で示されたように，このカテゴリー（「普通科B」）を構成するのは公立高校4校と，私立高校1校である。ここで問題なのは，この私立高校の取り扱いである。この私立高校は，①宗教教育に基づく中高一貫教育を謳っていること，②同窓会が活発に活動していること，などの点において，学校チャーターが「普通科B」に含まれるその他の公立高校

とは大きく異なっていることが予想される。事実，この私立高校に通う生徒の職業アスピレーションや就業継続意識の分布状況は，他の「普通科B」の女子とは大きく異なっていた（表4-3）。この点にかんがみ，同私立高校に通う生徒を分析対象から削除した。

こうして残ったのは，公立W高校（378名），公立X高校（156名），公立Y高校（310名），公立Z高校（309名）の4校（合計1,153名，うち女子600名）である。幸いなことに，受験雑誌などを参考にして高校の学力間格差を調べると，これら4校の学力水準はほぼ同位置であった。

むろんこの4校の間にも，それぞれの「校風」や「伝統」という形で，学校間でチャーターに違いがあることは想定されよう。しかし，「職業科」カテゴリーや，「普通科A」カテゴリーに所属する特定の学校が領有するチャーターとこれら「普通科B」に属するいずれかの学校が領有するチャーターとの差異に比べると，これら4校内部に見られる差異は僅少なものだろう。この認識に基づき，以下では，この4校に通う生徒のみを対象にした分析を展開したい。

3．分　　析

3.1　ジェンダー観と就業意識

これら4校の生徒に限定して，性別と伝統的な性別役割分業図式に関する意識（問17）との連関を検定したところ，①男子の方が女子よりも「男は仕事，女は家庭」と考える比率が高い，②男子は女子よりも「結婚や出産後も女性は仕事を続けるべきではない」と考える比率が高い，③男子は女子よりも「自分は男（女）らしい」と考える比率が高い，など，男子の方に保守的なジェンダー観／自己認識を持つ傾向が見られた（クロス表は省略）。

一方，我が国の将来展望として「仕事や政治の場で女性の社会進出が進む」（問21d）と答えた者（「そう思う」〜「どちらかといえばそう思う」

表4-4　女性の社会進出が進むことへの期待　　　　　(%)

	そう思う〜どちらかといえばそう思う	どちらでもない	そう思わない〜どちらかといえばそう思わない	合　計
男　子　(n=456)	81.1	15.8	3.0	100.0
女　子　(n=523)	87.3	9.7	3.0	100.0
全　体　(n=979)	84.3	12.7	3.0	100.0

問21dの集計結果より作成　Wilcoxonの順位和検定　$Z=-2.80$　$p=0.01$

と答えた者)の比率と性別との連関を調べると，女子の比率が男子のそれを上回っていた(表4-4)。

就業意志についての質問に対して，「定職につかず，フリーターで生活したい」(問14a)と答えた生徒の比率は，男女ともに極めて低かった(肯定的な回答は，男子4.2％，女子3.8％，性別による有意差なし)。一方「一生の仕事になるものを，できるだけ早く見つけるべきだ」との設問(問14c)に対して，肯定的な回答(「重要である」〜「どちらかといえば重要である」)を返した生徒の比率は，男子73.8％，女子69.3％に達していた。

3.2　「女子専用軌道」への志向性

前節で述べたように，本章の目的は「普通の高校に通う普通の女子高校生」によって，「女子専用軌道」がプラクティカルに再生産されていくプロセスに関する理念型を提示することである。この目的を果たすためには，まず「女子専用軌道」に対する志向性のインデクスとなる変数を決定しなければならない。

この観点から調査票を検分すると，インデクスの候補となる変数が3種類発見できた。すなわち，①進学アスピレーション(高校卒業後の進路：問2)，②職業アスピレーション(希望する職種：問3)，③将来のライフコース展望(就業継続意志：問16a)である。ただし，①は選択肢に問題があるために却下される。今回使用された調査票では，「大学進

表 4-5　職業アスピレーションとジェンダーに関する自己認知

(女子のみ：%)

私は女らしい→ 職業アスピレーション↓	そう思う〜どちらか といえばそう思う	どちらでもない	そう思わない〜どちらか といえばそう思わない	合　計
男性向き職業　(n=　47)	4.3	53.2	42.6	100.0
中立的職業　(n=161)	19.3	52.2	28.6	100.0
女性向き職業　(n=300)	19.7	50.3	30.0	100.0
全　　体　　(n=508)	18.1	51.2	30.7	100.0

問17fの集計結果より作成　Kruskal Wallis 検定　$\chi^2=6.98$　$p=0.03$

学」を希望している者に対して，おおまかに「文系／理系」の別しか質問していない。また「専門学校」という選択肢に関しても，具体的に何を学ぶ専門学校を希望しているのかを答えさせていないからである。

　残るは②と③である。まず，性別と希望する職種とのクロス表を作成すると，男子高校生の多くは「男性向き」カテゴリーに入る職業を希望しており，女子高校生の多くは，「女性向き」カテゴリーの職業を希望していることが明らかになった（クロス表は省略）[9]。また，対象を女子学生に限定して，職業アスピレーションとジェンダー観（問17）との連関を検定すると，自己認識に関する質問（問17f）に限り有意差が算出された（表4-5）。自分を「女らしい」と思う女子学生は「女性向き」の職業を希望する傾向がある。これらの点において，「女子専用軌道」への志向性を測るインデクスとして，職業アスピレーション（希望する職種）という変数を選ぶことは適切だと考えられる。

　次に，女子学生の就職継続意志（問16a）を集計すると，継続就業型（結婚・出産後も継続）37.3％，短期就業型（結婚あるいは出産まで）15.6％，中断再就職型47.1％という分布が現れた。また，就業継続意志とジェンダー観（問17）との連関を測定すると，問17d以外の全設問において有意な連関が現れた。クロス表など詳細は省略するが，短期就業型，中断再就職型といった「保守的」な就職継続意志を持つ女子は，一般に「女子専用軌道」への志向性が強かったのである。この点から見て，「女子

専用軌道」への志向性を測るインデクスとして就業継続意志を採用することも，特に問題はなさそうである。

　以上，②，③の両方とも，「女子専用軌道」への志向性を測定するインデクスとして有効であることが確認された。結局，有効サンプル数を比較することによって，本章では，職業アスピレーションを「女子専用軌道に対する志向性」を測るインデクスと選定した。この場合，「欠損値」扱いになる回答——「考えていない」「わからない」など——は15.0％（600名中90名）にとどまっていたが，就職継続意志を基準とした場合の「欠損値」——「その時になったら考える」「結婚するつもりはない」「その他」といった回答——は，全体の28.5％（600名中171名）に達したからである。

3.3　「女子専用軌道」に影響を与えるもの

　以下では，本調査に用意されたさまざまな設問に対する回答分布と，前項で確定された「女子専用軌道に対する志向性」との連関を検定していく。中心となるのは，「女子専用軌道を志向する女子学生」と，「そうでない女子学生」の比較であるが，論理展開の都合に合わせて，適宜「男子向き職業を志向する男子学生」と「そうでない男子学生」の比較，あるいは性別による回答分布の比較も実施した。本項では各分析によって得られた知見（ファインディングス）をひとまず箇条書きの形で列挙し，それぞれにＦ１，Ｆ２，Ｆ３…といった番号を割り付けるレヴェルにとどめた。これらのファインディングスを１つの理念型に総合する作業は，節を改めて実施したい。

　まず，学校で学ぶこと（知識や教養）に対する価値づけ（問11ａ～ｈ）と，職業アスピレーションとの連関を検定して，以下のファインディングス（Ｆ１～Ｆ７）を確保した（以下，χ^2値はKruskal Wallis検定による検定統計量）（表4-6）。

表 4-6　学校で学ぶことに対する価値付けと職業アスピレーション

① 学歴が高くないと，おとなになっていい仕事につけない（問11b）　　　　　　　　　　（％）

			そう思う	どちらかといえばそう思う	どちらかといえばそう思わない	そう思わない	合　計
女子	男性向き職業	(n= 47)	27.7	31.9	23.4	17.0	100.0
	中立的職業	(n=161)	23.6	34.2	23.6	18.6	100.0
	女性向き職業	(n=302)	19.5	29.8	19.5	31.1	100.0
	女子全体	(n=510)	21.6	31.4	21.2	25.9	100.0
男子	男性向き職業	(n=143)	35.0	34.3	14.0	16.8	100.0
	中立的職業	(n=202)	31.7	30.2	22.3	15.8	100.0
	女性向き職業	(n= 68)	22.1	23.5	22.1	32.4	100.0
	男子全体	(n=413)	31.2	30.5	19.4	18.9	100.0

② 高い学歴を得るために，いっしょうけんめい努力すべきだ（問11d）

			そう思う	どちらかといえばそう思う	どちらかといえばそう思わない	そう思わない	合　計
女子	男性向き職業	(n= 47)	21.3	51.1	17.0	10.6	100.0
	中立的職業	(n=161)	14.9	37.3	36.6	11.2	100.0
	女性向き職業	(n=300)	14.3	33.7	33.3	18.7	100.0
	女子全体	(n=508)	15.2	36.4	32.9	15.6	100.0
男子	男性向き職業	(n=143)	18.9	42.7	23.1	15.4	100.0
	中立的職業	(n=202)	20.8	36.1	27.7	15.3	100.0
	女性向き職業	(n= 68)	13.2	27.9	30.9	27.9	100.0
	男子全体	(n=413)	18.9	37.0	26.6	17.4	100.0

③ 学校教育をゆとりあるものにするため，授業時間を減らすことに賛成である（問11f）

			そう思う	どちらかといえばそう思う	どちらかといえばそう思わない	そう思わない	合　計
女子	男性向き職業	(n= 47)	10.6	25.5	48.9	14.9	100.0
	中立的職業	(n=161)	27.3	32.3	29.2	11.2	100.0
	女性向き職業	(n=301)	34.9	29.2	26.9	9.0	100.0
	女子全体	(n=509)	30.3	29.9	29.7	10.2	100.0
男子	男性向き職業	(n=143)	30.1	23.8	25.9	20.3	100.0
	中立的職業	(n=202)	39.1	27.7	24.8	8.4	100.0
	女性向き職業	(n= 68)	32.4	32.4	23.5	11.8	100.0
	男子全体	(n=413)	34.9	27.1	24.9	13.1	100.0

④すぐに役に立たなくても，勉強がわかること自体がおもしろい（問11g）

		そう思う	どちらかといえばそう思う	どちらかといえばそう思わない	そう思わない	合計
女子	男性向き職業　(n= 47)	23.4	51.1	21.3	4.3	100.0
	中立的職業　　(n=161)	23.0	48.4	21.7	6.8	100.0
	女性向き職業　(n=301)	18.6	42.5	27.9	11.0	100.0
	女子全体　　　(n=509)	20.4	45.2	25.3	9.0	100.0

④：男子集計分は有意差が見られなかったため省略

【女　子】

F1：学歴が高くないと，おとなになっていい仕事につけない（問11b）
　　　女性向き職業を志向する女子は反対する傾向。
$$\chi^2=7.20 \ (df=2) \quad p=0.03$$

F2：高い学歴を得るために，いっしょうけんめい勉強すべきだ（問11d）
　　　女性向き職業を志向する女子は反対する傾向。
$$\chi^2=8.37 \ (df=2) \quad p=0.02$$

F3：学校教育を…授業時間を減らすことに賛成である（問11f）
　　　女性向き職業を志向する女子は賛成する傾向。
$$\chi^2=15.40 \ (df=2) \quad p<0.0001$$

F4：すぐに役に立たなくても，勉強がわかること自体が面白い（問11g）
　　　女性向き職業を志向する女子は反対する傾向。
$$\chi^2=6.45 \ (df=2) \quad p=0.04$$

【男　子】

F5：学歴が高くないと，おとなになっていい仕事につけない（問11b）
　　　男性向き職業を志向する男子は賛成する傾向。
$$\chi^2=10.13 \ (df=2) \quad p=0.01$$

F6：高い学歴を得るために，いっしょうけんめい努力すべきだ（問11d）
　　　男性向き職業を志向する男子は賛成する傾向。
$$\chi^2=7.93 \ (df=2) \quad p=0.02$$

> F 7：学校教育を…授業時間を減らすことに賛成である（問11f）
> 　　　男性向き職業を志向する男子は反対する傾向。
> $$\chi^2=7.76 \ (df=2) \quad p=0.02$$

　学校で学ぶことに対する価値づけを問うた設問（問11）に対して，男女で回答分布状況を比較すると，以下（F 8〜F 12）のファインディングスが得られた（Z得点はWilcoxonの順位和検定による検定統計量，以下同じ）（表4-7）。

> F 8：近年の激しい受験競争は，生徒の人間性をゆがめている（問11a）
> 　　　男子の方が肯定的な回答が多かった。　　$Z=-2.00 \quad p=0.046$
> F 9：学歴が高くないと，おとなになっていい仕事につけない（問11b）
> 　　　男子の方が肯定的な回答が多かった。　　$Z=-3.10 \quad p=0.002$
> F10：学校で学ぶ勉強が，将来何の役に立つのかわからない（問11c）
> 　　　男子の方が肯定的な回答が多かった。　　$Z=-2.83 \quad p=0.005$
> F11：できることなら，成績別のクラス編成にしてほしい（問11e）
> 　　　男子の方が肯定的な回答が多かった。　　$Z=-3.37 \quad p=0.001$
> F12：学校にいるときよりも，学校の外での生活の方が楽しい（問11h）
> 　　　男子の方が肯定的な回答が多かった。　　$Z=-3.79 \quad p<0.0001$

　ついで，「学年内の成績」（問22a・自己評価）および「学校の成績に対する満足度」（問15a）と，職業アスピレーションとの連関を検定した。男子については，「学年内の成績」に限って有意な連関が現れた（＝成績が高い男子生徒は男性向き職業を志向する：$\chi^2=6.23 \ (df=2) \quad p=0.044$／Kruskal Wallis検定）。また，女子に関しては以下のファインディングス（F 13〜F 14）が得られた（表4-8）。

表4-7　学校で学ぶことに対する価値付け

① 近年の激しい受験競争は，生徒の人間性をゆがめている（問11a）　　（男女別比較：%）

		そう思う	どちらかといえばそう思う	どちらかといえばそう思わない	そう思わない	合　計
男　子	(n=　562)	38.8	35.1	17.4	8.7	100.0
女　子	(n=　599)	32.6	37.1	23.2	7.2	100.0
全　体	(n=1,161)	27.4	40.1	23.9	8.6	100.0

② 学歴が高くないと，おとなになっていい仕事につけない（問11b）

		そう思う	どちらかといえばそう思う	どちらかといえばそう思わない	そう思わない	合　計
男　子	(n=　562)	29.7	29.4	21.0	19.9	100.0
女　子	(n=　600)	21.3	31.5	22.2	25.0	100.0
全　体	(n=1,162)	25.4	30.5	21.6	22.5	100.0

③ 学校で学ぶ勉強が，将来何の役に立つかわからない（問11c）

		そう思う	どちらかといえばそう思う	どちらかといえばそう思わない	そう思わない	合　計
男　子	(n=　563)	41.4	35.5	16.9	6.2	100.0
女　子	(n=　599)	34.2	36.1	23.0	6.7	100.0
全　体	(n=1,162)	37.7	35.8	20.1	6.5	100.0

④ できることなら，成績別のクラス編成にしてほしい（問11e）

		そう思う	どちらかといえばそう思う	どちらかといえばそう思わない	そう思わない	合　計
男　子	(n=　563)	8.5	8.7	28.6	54.2	100.0
女　子	(n=　600)	3.7	11.0	21.2	64.2	100.0
全　体	(n=1,163)	6.0	9.9	24.8	59.3	100.0

⑤学校にいるときよりも，学校の外での生活の方が楽しい（問11h）

	そう思う	どちらかといえばそう思う	どちらかといえばそう思わない	そう思わない	合　計
男　子　(n= 562)	39.7	31.3	24.4	4.6	100.0
女　子　(n= 598)	30.1	31.1	34.3	4.5	100.0
全　体　(n=1,160)	34.7	31.2	29.5	4.6	100.0

表4-8　学年内成績・成績に対する満足度と職業アスピレーション　（%）

学校成績と職業アスピレーション（女子のみ）	男性向き職業	中立的職業	女性向き職業	合　計
上の方　　　　(n= 48)	6.3	41.7	52.1	100.0
中の上くらい　(n=232)	12.9	32.8	54.3	100.0
中の下くらい　(n=162)	5.6	27.8	66.7	100.0
下の方　　　　(n= 68)	7.4	29.4	63.2	100.0
全体　　　　　(n=510)	9.2	31.6	59.2	100.0

性別と現在の成績に対する満足度（性別比較）	満足している	どちらかといえば満足している	どちらかといえば満足していない	満足していない	合　計
男　子 (n= 561)	9.8	33.5	28.3	28.3	100.0
女　子 (n= 599)	9.2	44.6	32.2	14.0	100.0
全　体 (n=1,160)	9.5	39.2	30.3	30.9	100.0

現在の成績に対する満足度と職業アスピレーション（女子のみ）	男性向き職業	中立的職業	女性向き職業	合　計
満足している　　　　　　　　　(n= 15)	6.7	26.7	66.7	100.0
どちらかといえば満足している　(n= 87)	3.4	26.4	70.1	100.0
どちらかといえば満足していない(n=209)	9.6	34.4	56.0	100.0
満足していない　　　　　　　　(n=200)	11.0	33.0	56.0	100.0
全　体　　　　　　　　　　　　(n=511)	9.4	31.4	59.2	100.0

第4章　ジェンダー・トラックの再生産

F 13 a：学年内の成績（問 22 a）と職業アスピレーション
　　　成績が振るわない女子生徒は女性向き職業を志向する傾向が見られた。　　　　　　　　　　$\chi^2=8.93$ （df=3）　p=0.03

F 13 b：学年内の成績（問 22 a）と成績への満足度（問 15 a）
　　　女子は男子より，自分の成績に対する満足度が高い傾向が見られた。　　　　　　　　　　　Z=-4.44　p<0.0001

F 14：成績への満足度（問 15 a）と職業アスピレーション
　　　自分の成績に満足している女子生徒は，そうでない生徒よりも女性向き職業を志向する率が高かった。
　　　　　　　　　　　　　　　　　　　$\chi^2=7.33$ （df=3）　p=0.062

性別ごとに，「人生における重要さ」について問うた設問（問13 a～f）と，職業アスピレーションとの連関を調べたが，特に有意な連関は見いだされなかった。ただし，これらの設問に関する回答分布と性別との連関を測定（表4-9）すると，4つのファインディングスが得られた（F 15～F 18）。

F 15：高い地位を得ること（が重要）（問 13 a）
　　　男子の方が「重要である」～「やや重要である」と回答する傾向が見られた。　　　　　　　　Z=-4.83　p<0.0001

F 16：高い収入を得ること（が重要）（問 13 b）
　　　男子の方が「重要である」～「やや重要である」と回答する傾向が見られた。　　　　　　　　Z=-3.09　p=0.002

F 17：競争に勝利すること（が重要）（問 13 c）
　　　男子の方が「重要である」～「やや重要である」と回答する傾向が見られた。　　　　　　　　Z=-7.08　p<0.0001

F 18：社会のために奉仕すること（が重要）（問 13 d）
　　　女子の方が「重要である」～「やや重要である」と回答する傾向が見られた。　　　　　　　　Z=-3.99　p<0.0001

表 4-9　人生における重要さ（問13）

① 「高い地位につくこと」の価値 (a) (%)

	重要である	やや重要である	あまり重要ではない	重要ではない	合　計
男　子　(n=　564)	17.6	35.3	31.9	15.2	100.0
女　子　(n=　600)	7.7	31.2	44.0	17.2	100.0
全　体　(n=1,164)	12.5	33.2	38.1	16.2	100.0

② 「高い収入を得ること」の価値 (b)

	重要である	やや重要である	あまり重要ではない	重要ではない	合　計
男　子　(n=　564)	43.5	41.0	10.7	4.8	100.0
女　子　(n=　600)	33.2	49.3	13.7	3.8	100.0
全　体　(n=1,164)	38.2	43.3	12.2	4.3	100.0

③ 「他人との競争に勝利すること」の価値 (c)

	重要である	やや重要である	あまり重要ではない	重要ではない	合　計
男　子　(n=　564)	32.6	34.0	23.8	9.6	100.0
女　子　(n=　600)	13.0	37.2	39.0	10.8	100.0
全　体　(n=1,164)	22.5	35.6	31.7	10.2	100.0

④ 「社会のためにつくすこと」の価値 (d)

	重要である	やや重要である	あまり重要ではない	重要ではない	合　計
男　子　(n=　562)	24.6	37.4	25.8	12.3	100.0
女　子　(n=　597)	30.0	42.7	22.1	5.2	100.0
全　体　(n=1,159)	27.4	40.1	23.9	8.6	100.0

　以上，F1～F18のファインディングスが確保された。次の4節では，これらのファインディングスを組み合わせる作業を通して，「普通の学校に通う普通の女子高校生」が「女子専用軌道」を選び取っていくプロセスの理念型を創出・提示することにしよう。

4．ま と め

3.1より，本章で対象とした「普通の高校に通う普通の女子高校生」たちのメンタリティとして，①女子高校生は男子高校生よりも流動的なジェンダー観を抱いていること，そして，②女子高校生は男子高校生よりも女性の社会進出に期待していることが明らかにされた。またほとんどの女子高校生が「フリーターになること」を忌避し，「定職」につくことを望んでいることも明らかになった。

これに，3.3で実施した各種分析の結果を加えると，これら女子高校生のメンタリティに対して，より深い知見が得られた。彼女たちには，男子高校生よりも「社会のためにつくす」ことに価値を置く姿勢が見られるとともに（F 18），資本主義の論理に即する形で社会における自己実現を果たすこと——他人との競争に勝つことで，高い社会的地位や収入を獲得すること——から，自ら身を引こうとするメンタリティを持つ傾向があることが明らかにされた（F 15，F 16，F 17）。

また，3.3からは，特に「女子専用軌道」に向かいつつある女子高校生のメンタリティにおいては，「男性との競争から「降りる」ことを自己正当化する論理図式」が発現している可能性が提起された。

この論理図式は，当該女子高校生に見られる「学歴の地位形成機能」（天野 1987）——学歴が持つ特定の地位を獲得したり，地位を上昇させる手段となる機能——に対する消極的な評価（F 1）を中心に置く時，最も簡明に描写できる[10]。学歴の地位形成機能に消極的な評価しか与えない女子高校生たちは，学校が要求する勉強に対して積極的にコミットしなくなる。すなわち「(高学歴を得るために）勉強することの意義を感じなくなる」（F 2，F 3）し，「わかること自体が面白いとは思わなく」なってしまうのだ（F 4）。このような女子高校生たちは，自分たちの学業成績を比較的好意的に判断するとともに（F 13 b），現在修めている成績に，それなりの満足感を得るようになる（F 13 a，F 14）。

彼女たちのこの姿は，同じ学校に通っている男子高校生たちが，学校の教育課程に強い疑問を抱きながらも（F8，F10，F12），「高い地位や収入」を得るため（F15，F16，F17）にやむなく勉強に取り組んでいる姿（F9，F11）とは極めて対照的である。特に「高い社会的な地位や収入を得る」ことを目標として高学歴の獲得を目指している男子高校生が持つメンタリティと（F5，F6，F7）と，このような女子高校生のメンタリティは，まさに正反対の方向性を示している[11]。

以上を総合すると，女子高校生たちの中に，流動的なジェンダー観や女性の社会進出への期待といったラディカルな認識と，「(学校の勉強が) わかること自体を面白い」とは思わない心理や学歴の地位形成機能に対する疑念といった，「反学校文化」的な認識が並立して存在しているという知見が導かれる。

ここで示された錯綜した認識を持つ女子高校生が，就職することで社会における自己実現を果たそうとする時，彼女が特定の道——我々が「女子専用軌道」と呼んできた道——をプラクティカルに選択することは，極めて状況に順応したふるまいである。彼女たちは，高等学校や大学といった，「正統的な学校文化」に従属することで得られる「教養」や「学歴」が持つ地位形成機能に対して批判的な目を持っている。そうであるが故に，彼女はそれら「教養」や「学歴」を領有（appropriate）することと，自らの社会的な自己実現の達成とを分離して考えるようになるのだ。事実，彼女たちの中には，そういった「教養」や「学歴」を，自らの社会的な自己実現の契機を阻害する「無駄な存在」と見なす者さえ現れている（F1，F2，F3）。

このような女子高校生にとって，いわゆる「実学」——伝統的な「教養」や「学歴」のカウンターパートとして成立する，「技術」や「実学的知識」——こそが，社会的自己実現の直接的な契機として立ち現れることは，いわば理の当然であろう。こうして彼女たちは，「実学志向」の道，特定の分野における具体的な業務遂行を可能にする「資格」や「免許」を

領有したエキスパートになる道をプラクティカルに選択していくことになる[12]。福祉士，看護師，臨床心理士といった「資格／免許」を取れる大学や専門学校において，女子学生の比率が圧倒的に高いことは，その証左となるだろう。

しかし，問3の選択肢12に示された職業がそうであるように，この道を選んだ女性たちが確保する「資格／免許」と連動する職業——看護師，歯科衛生士，栄養士，カウンセラー，保育士など——に従事する者の社会的な地位は，2節で我々が「男性向き職業（ホワイト）」と命名したものに比べた場合，必ずしも「高い」ものではない。またそれらの職業は，わが国において，いわゆる性別職域分離の中で女性が集中しているカテゴリーであるとともに，業務内容や勤務時間から見て，家事や育児と両立させることが困難な職業でもある。

1995年のSSM調査データをもとにした阿形健司の整理は，この見解を裏書きするものであろう。阿形は数量化III類をもって，1995年当時に代表的な14種類の国家資格を4つのカテゴリーに分類している。第1カテゴリーは「美容師・管理美容師，看護婦，准看護婦，調理師」であり，第2カテゴリーは「保母（保育士），教員免許」であった。福祉職や臨床心理士などは含まれていないものの，阿形が提示した2つのカテゴリーは，我々が本章で「女性向き職業」と位置づけたものにほぼ対応している（阿形 2000）。

阿形はその分析において，第1カテゴリーに属する資格が「取得は比較的容易だが，収入があまり望めない」資格であること，第2カテゴリーに属する資格が「女性が多く，就業が長続きしない専門職資格」であることを指摘した（阿形 2000：132-133）。

既に述べたように，阿形は，社会福祉士や介護福祉士，ホームヘルパーといった福祉関係の資格については検討していない。しかし，彼が取り上げた看護婦（看護師）や調理師，保母（保育士）などの「資格」や「免許」に限っても，それらを提供することが，伝統的な「教養」や「学歴」

の領有に必ずしも積極的な姿勢を示さない専門学校や一部高等教育機関の主たる教育目標となっていることは言うまでもない。

社会的自己実現を果たすために,「技術」や「実践的な知識」を身につけ,それにもとづいた「資格」や「免許」を領有する道をプラクティカルに選択していく女性たちの多くは,これまでこの道を選んできた女性たちがそうであったように,結局は結婚や出産を機に「自ら進んで」退職し,専業主婦となる道を選んで行くだろう。上述したように,これらの仕事に就いた場合,勤務形態や内容,そして収入の面において,家事や育児との両立は極めて困難となるからだ。

このような形で「女性向き」な仕事を選び,「結婚や出産を機に退職する」という彼女たちの慣習行動(practice)それ自体が,「男性は外で仕事,女性は家で家事や育児」という伝統的な性別役割分業図式,あるいは保守的なジェンダー観を,社会の可視的現実として再生産してしまうことは容易に推察できる。さらに,この現象面における性別役割分業図式の再生産が,翻って,観念レベルにおける伝統的な性別役割分業図式／保守的ジェンダー観の妥当性を再構築していくことも十分に考えられよう。こうして「女らしさ」の観念と表裏一体となった「女子専用軌道」が再生産され続けるのだ。

［注］

1）1980年代の研究業績に関する総合的レビューとしては,森(1992)がある。
2）藤田英典はトラッキングを「法制的には生徒の進路を限定してはいないものの,実質的には卒業後の進路選択の機会と範囲を制約」する社会的軌道と定義した(藤田 1980：118)。本章の「トラッキング」定義はこれにしたがう。
3）天野自身,上記論文の中で解釈学的アプローチの使用を推奨していた(天野 1988：282)。
4）本章では「普通の高校」「普通の(女子)生徒」という単語を,現在のわが国において大多数の高校生が通う学校群,およびそこに通う(女子)生徒という意味で用いている。具体的には,「普通科高校」のうち,「進学校」としての社会的承認を受けてはいない高校を「普通の学校」,およびそれに通う(女子)高校生を「普通の(女子)生

徒」と呼称している。
5) 著者は，BourdieuとPasseronに依拠しつつ，「理念型」という言葉を意図的に使用している。詳細は（Bourdieu & Passeron 1964＝1997：99；中村 1999）を参照されたい。
6) 本章では，データセットの正規性についての配慮から，クロス表の有意性をノンパラメトリック法（Wilcoxonの順位和検定およびKruskal Wallisの検定）で検定している。なお，これら検定結果の記述様式については，福田恭介氏（福岡県立大学）の指導を受けた。記して感謝の意を表したい。
7) 近年，中西祐子はチャーター理論に基づいたジェンダー・トラッキング分析を精力的に発表している（中西 1993, 1998）。また木村敬子の研究（2000）は，女子大学生の職業意識を，対象者が経験してきた「家庭のジェンダー文化」，「出身高校のジェンダー文化」，「現在在学している大学のジェンダー文化」の交錯の上で読み解こうとする野心的な試みである（木村がいう「ジェンダー文化」が，本章でいう「チャーター」に相当する概念であることは言うまでもない）。
8) 職業科高校に通う生徒たちは，入学前に当該校のチャーターによる予期的社会化を強く受けている可能性が高い。「高卒就職を希望する生徒が，職業科を希望する」のではない。「職業科にしか進学できないことを知った生徒が，（その結果として）高卒就職を希望するようになる」のだ（苅谷 1983：70-71）。また「普通校A」に含まれる2つの高等学校は，いずれも福岡県内有数の進学校というステータスを持っている高校であり，本章でいう「普通の学校」には含めるべきではない。
9) 前節では「男性向き職業」を2つのカテゴリーに下位分化させていたが，以後は両者を統合して操作する。
10) 著者はこの部分で，「学歴の地位形成機能に対する疑義」を中心に置く形で議論を展開したが，これはあくまでもクリアな理念型を提示するための仮の配置である。個人のメンタリティの一部として析出された意識の断片群を，安易に因果関係図式や中心／周辺関係図式で整理することは，理念型と現実との優先順位を逆転させる可能性を秘めた危険なふるまいである。
11) ここに見られるメンタリティの対極性が，「女子専用軌道」を女子がプラクティカルに選び取っていくことを加速する要因として機能している可能性も考えられる。多くの男子が「高い地位や収入」を得るために「男子向き」の職業を選択しようとしている以上，そのような職業に就くことの「倍率」は，特に女子で高くなる。「女子学生の就職難」が声高に叫ばれる現在，この点に気が付いた女子学生は，それこそ「主体的」に，「女子専用軌道」に邁進するだろう。
12) 今回の調査では明らかにすることができなかったが，昨今の経済状況にあって「手に職をつけなければ女子の就職は難しい」という考え方が巷間に流布していることも，この「主体的」な選択を後押しする重大な要因になっている可能性も考慮する必要があるだろう。「手に職をつけなければ……」という発想が，著者のいう「実学志向」の最も極端な形であることは言うまでもない。なお，例えば「医師」や「弁護士」のように，実際の業務内容が極めてプラグマティックなものであったとしても，高い社会的地位を与える「資格」や「免許」を領有するためには，その前提として「高度な学校教育制度」によって与えられる，抽象度が高い――すなわち「反＝実学的」志向と

いう色彩が強い――「一般教養」を一定期間修める必要があることは既に指摘されている（Bourdieu 1979＝1990：39-40）。

[文献]

阿形健司，2000，「資格社会の可能性」近藤博之編『日本の階層システム3――戦後日本の教育社会』東京大学出版会，127-150．

天野正子，1987，「婚姻における女性の学歴と社会階層――戦前期日本の場合」『教育社会学研究』第42集，70-91．

――――，1988，「『性と教育』研究の現代的課題――かくされた『領域』の持続」『社会学評論』No. 155, 266-283．

Bourdieu, Pieere, 1979, *La Distinction : Critique Sociale du Jugement,* Paris : Éditions de Minuit.（＝1990，石井洋二郎訳『ディスタンクシオン――社会的判断力批判（I）』藤原書店．）

Bourdieu, Pieere & Passeron, Jean-Craude, 1964, *Les Heritiers : Les étudiants et la culture,* Paris : Éditions de Minuit.（＝1997，石井洋二郎監訳『遺産相続者たち――学生と文化』藤原書店．）

苅谷剛彦，1983，「学校格差と生徒の進路形成」岩木秀夫・耳塚寛明編『高校生（現代のエスプリ No. 195)』至文堂，69-73．

――――，2001『階層化日本と教育危機――不平等再生産から意欲格差社会へ』有信堂高文社．

木村敬子，2000，「学校のジェンダー文化と職業意識」神田道子・女子教育問題研究会編『女子学生の職業意識』勁草書房，147-174．

木村涼子，1990，「ジェンダーと学校文化」長尾彰夫・池田寛編『学校文化』東信堂，147-170．

――――，1997，「教室におけるジェンダー形成」『教育社会学研究』第61集，39-54．

――――，1999，『学校文化とジェンダー』勁草書房．

藤田英典，1980「進路選択のメカニズム」山村健・天野郁夫編『青年期の進路選択』有斐閣，105-129．

堀健志，2001「労働市場のジェンダー形成」矢島正見・耳塚寛明編著『変わる若者と職業世界』学文社，59-88．

Meyer, John W., 1977, "The Effect of Education as an Institution," *American Jounral of Sociology*, 83(1), 55-77.

宮崎あゆみ，1991，「学校における『性役割の社会化』再考――教師による性別カテゴリー使用をてがかりとして」『教育社会学研究』第48集，105-123．

――――，1993，「ジェンダー・サブカルチャーのダイナミクス――女子校におけるエスノグラフィーをもとに」『教育社会学研究』第52集，157-177．

森繁男，1989，「性役割の学習としつけ行為」柴野昌山編『しつけの社会学』世界思想社，155-171．

――――，1992，「『ジェンダーと教育』研究の推移と現況」『教育社会学研究』第50集，164-183．

―――, 1995,「幼児教育とジェンダー構成」竹内洋・徳岡秀雄編『教育現象の社会学』世界思想社, 132-149.
中村晋介, 1999,「ブルデュー階級論の再検討――『ディスタンクシオン』を中心に」福岡県立大学紀要, 8(1), 45-58.
中西祐子, 1993,「ジェンダー・トラック」『教育社会学研究』第53集, 131-154.
―――, 1998,『ジェンダー・トラック――青年期女性の進路形成と教育組織の社会学』東洋館出版社.
中西祐子・堀健志, 1997,「『ジェンダーと教育』研究の動向と課題――教育社会学・ジェンダー・フェミニズム」『教育社会学研究』第61集, 77-102.
志水宏吉, 1987,「学校の成層性と生徒の分化――学校分化論への一視角」『教育社会学研究』第42集, 167-181.
氏原陽子, 1996,「中学校における男女平等と性差別の錯綜――2つの『隠れたカリキュラム』レベルから」『教育社会学研究』第58集, 29-45.

第5章 高校生・高校教師の社会観と「新しい保守意識」

友枝敏雄

1. 高校生・高校教師の社会観

1.1 規範意識の一環としての社会観

本調査では，現代の高校生・高校教師の規範意識の一環として，高校生・高校教師が日本の政治，経済，社会，文化をどのようにみているのかをたずねた。その理由は，規範意識というものを，日常の行動や出来事に対する人々の道徳観のみに限定することなく，日頃人々がいだく「このような社会であってほしい」「こんな社会はいやだ」といった社会に対する価値観も含んだものとして考えたからである。この道徳観が，社会観とどのように関係しているかについては，ここでは直接とりあげないが，人々の意識のなかで道徳観と社会観とは有機的に結合しているという前提のもとに，データ分析を進めることにした。

本章では，高校生の社会観を規定する要因を明らかにする。そのさい，そのような要因として，学校タイプに注目して，トラッキング効果があるのかないのかを明らかにする。もしトラッキング効果があるということになれば，学校という存在は，高校生の進学希望，就職希望のみならず，高校生の社会観の形成に影響を与えているということになる。そして高校生の社会観の特色を鮮明にするために，高校教師の社会観と比較することにした。

社会観をたずねる質問項目として，具体的には，つぎにあげるaからjまでの10項目を作成した。そして各項目について，「賛成」，「やや賛成」，「どちらともいえない」，「やや反対」，「反対」の5段階で質問した。

a．学者が言っていることの多くは，現実的ではなく，社会問題の解決にはあまり役に立たない
b．そう遠くない未来において，戦争や地域紛争は地球上からなくなるだろう
c．政治家や官僚のなかには，ワイロをもらうなど，自分の地位を悪用している人が多い
d．福祉サービスを充実させるために，税金を上げることもやむをえない
e．日本で働きたい外国人のために，政府はもっと工夫をするべきだ
f．太平洋戦争や植民地支配のことで，日本は被害を与えた国に謝罪すべきである
g．国のために，自分のやりたいことが制限されてもかまわない
h．日本の文化や伝統は，他の国よりも優れている
i．特別な行事の時には，国歌を歌ったり，国旗をあげるべきだ
j．しきたりや慣習には時代遅れになっているものも多いから，意味がないものはとりやめていくべきだ

このうち，a，b，cの3項目は回答者の規範的判断（価値判断）ではなくて，むしろ事実判断をたずねているものと考えられる。しかるに本研究の中心テーマである規範意識に直接に関係するのは，dからjまでの7項目であるから，計量分析の焦点を，dからjまでの7項目にあてることにした。

図5-1は，単純集計結果であり，「賛成」と「やや賛成」との合計の多い順にならべたものである。

第5章 高校生・高校教師の社会観と「新しい保守意識」

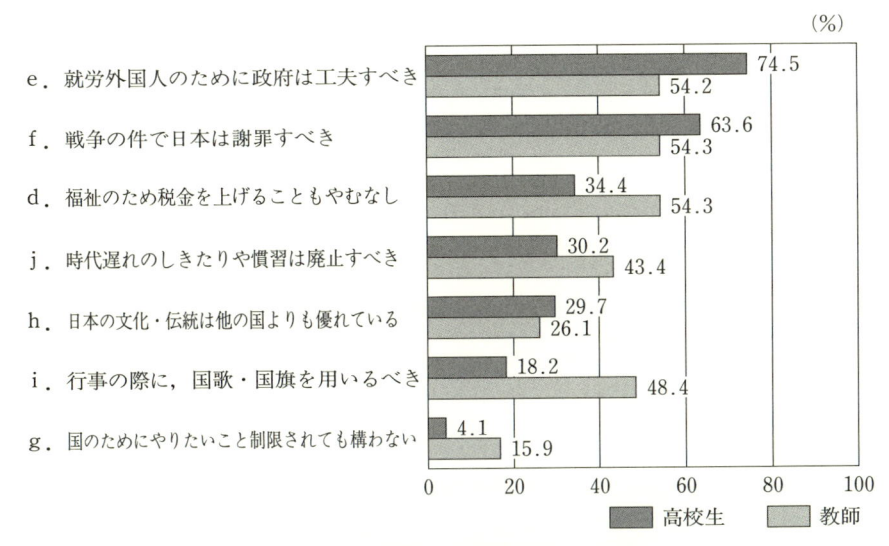

図5-1 高校生・高校教師の社会観

- e．就労外国人のために政府は工夫すべき　高校生 74.5／教師 54.2
- f．戦争の件で日本は謝罪すべき　高校生 63.6／教師 54.3
- d．福祉のため税金を上げることもやむなし　高校生 34.4／教師 54.3
- j．時代遅れのしきたりや慣習は廃止すべき　高校生 30.2／教師 43.4
- h．日本の文化・伝統は他の国よりも優れている　高校生 29.7／教師 26.1
- i．行事の際に，国歌・国旗を用いるべき　高校生 18.2／教師 48.4
- g．国のためにやりたいこと制限されても構わない　高校生 4.1／教師 15.9

　この単純集計にみられるように，e「日本で働きたい外国人のために，政府はもっと工夫をするべきだ」への賛成は74.5％，f「太平洋戦争や植民地支配のことで，日本は被害を与えた国に謝罪すべきである」への賛成は63.6％であり，国際化もしくは国際関係に関するものへの賛成が多い。

　逆に，日本の伝統や慣習についてきいたh「日本の文化や伝統は，他の国よりも優れている」への賛成は，29.7％であり，i「特別な行事の時には，国歌を歌ったり，国旗をあげるべきだ」への賛成は18.2％であり，ともに低い。さらに〈私〉に対して〈公〉を重視する価値観であるd「福祉サービスを充実させるために，税金を上げることもやむをえない」への賛成は34.4％であり，g「国のために，自分のやりたいことが制限されてもかまわない」への賛成は，わずか4.1％にとどまっている。

　これから推測されるのは，高校生は，国際化および国際関係に関するイッシューには，開明的かつ進歩的な態度をとる一方で，伝統や文化を重

視しない態度をもっており，この伝統や文化を重視しない態度は，公よりも私を重視する態度に結びついているのではないかということである。

　この推測は，同じ質問項目に対する高校教師の回答結果と比較すると，一層明瞭になる（図5-1参照）。高校教師では，e「日本で働きたい外国人のために，政府はもっと工夫をするべきだ」への賛成は54.2％であり，高校生より20.3ポイント低いし，f「太平洋戦争や植民地支配のことで，日本は被害を与えた国に謝罪すべきである」への賛成は54.3％であり，高校生より9.3ポイント低い。

　これに対し，i「特別な行事の時には，国歌を歌ったり，国旗をあげるべきだ」への賛成は48.4％であり，高校生（18.2％）よりも，実に30.2ポイントも高い。さらにd「福祉サービスを充実させるために，税金を上げることもやむをえない」への賛成は54.3％であり，高校生（34.4％）より19.9ポイント高く，g「国のために，自分のやりたいことが制限されてもかまわない」への賛成は15.9％であり，高校生（4.1％）よりも，11.8ポイント高い。

　これらの結果は，①高校教師は，高校生に比べて，国際化および国際関係に関するイッシューに開明的かつ進歩的な態度をもっていないこと，②①と関連するが，高校教師は，高校生よりも国歌斉唱・国旗掲揚に賛成する人がかなり多く，私よりも公を重視する態度をもっていることを示している。もちろん，この違いは，高校教師という職業特性に由来するものも含んでいるが，高校教師と高校生とはかなり違った社会観をもっていることを明らかにしている。

1.2　学校タイプと高校生の社会観

　このような高校生と高校教師との意識の違いについて，詳細な分析に向かう前に，学校タイプによって，どの程度高校生の意識が違うのかをみておこう。

　dからjまでの7項目を，普通科A，普通科B，職業科という学校タイ

第5章　高校生・高校教師の社会観と「新しい保守意識」

表5-1　学校タイプと社会観

d．福祉サービスを充実させるために，税金を上げることもやむをえない

	賛成	どちらともいえない	反対	合計（％）
普通科A	51.5	20.9	27.6	100.0
普通科B	31.2	31.7	37.0	100.0
職業科	30.8	29.0	40.3	100.0
全体	34.4	29.4	36.2	100.0

e．日本で働きたい外国人のために，政府はもっと工夫をするべきだ

	賛成	どちらともいえない	反対	合計（％）
普通科A	74.9	14.3	10.8	100.0
普通科B	75.2	18.0	6.8	100.0
職業科	72.4	19.4	8.2	100.0
全体	74.5	17.7	7.8	100.0

f．太平洋戦争や植民地支配のことで，日本は被害を与えた国に謝罪すべきである

	賛成	どちらともいえない	反対	合計（％）
普通科A	54.4	22.5	23.1	100.0
普通科B	63.7	25.5	10.9	100.0
職業科	70.2	23.2	6.6	100.0
全体	63.6	24.5	11.9	100.0

g．国のために，自分のやりたいことが制限されてもかまわない

	賛成	どちらともいえない	反対	合計（％）
普通科A	7.9	14.9	77.2	100.0
普通科B	3.7	15.2	81.0	100.0
職業科	2.4	15.9	81.6	100.0
全体	4.1	15.3	80.5	100.0

h. 日本の文化や伝統は，他の国よりも優れている

	賛成	どちらともいえない	反対	合計（％）
普通科A	31.0	48.4	20.6	100.0
普通科B	28.8	54.4	16.8	100.0
職業科	31.3	48.5	20.3	100.0
全体	29.7	52.1	18.2	100.0

i. 特別な行事の時には，国歌を歌ったり，国旗をあげるべきだ

	賛成	どちらともいえない	反対	合計（％）
普通科A	25.8	34.0	40.2	100.0
普通科B	17.1	44.2	38.7	100.0
職業科	15.6	43.0	41.4	100.0
全体	18.2	42.3	39.5	100.0

j. しきたりや慣習には時代遅れになっているものも多いから，意味がないものはとりやめていくべきだ

	賛成	どちらともいえない	反対	合計（％）
普通科A	40.3	22.9	36.8	100.0
普通科B	27.7	34.5	37.8	100.0
職業科	29.7	38.8	31.5	100.0
全体	30.2	33.5	36.3	100.0

プ別に集計したのが表5-1である。

　学校タイプによって，著しい違いがみられるのは，d「福祉サービスを充実させるために，税金を上げることもやむをえない」，f「太平洋戦争や植民地支配のことで，日本は被害を与えた国に謝罪すべきである」，i「特別な行事の時には，国歌を歌ったり，国旗をあげるべきだ」の3項目である。

　まずdについては，普通科Aの賛成が51.5％であり，普通科Bの賛成31.2％，職業科の賛成30.8％より約20ポイント高いのが注目される。つぎにfについては，普通科Aの賛成54.4％であるのに対し，普通科Bの賛成は63.7％であり，職業科の賛成は70.2％であり，普通科Aと職業

科とが両極的な態度を示している。最後にiについては，普通科Aの賛成25.8％，普通科Bの賛成17.1％，職業科15.6％であり，普通科Aの意識が普通科B，職業科の意識と異なっていることが注目される。細かい違いを捨象すると，総じて普通科Aの生徒は，他の高校生とは異なった意識をもっていることが，表5-1のクロス表から読みとれる。

2．社会観の因子分析

2.1 高校生データの因子分析

以上のクロス集計をふまえて，dからjまでの7項目に注目して，高校生と高校教師について，それぞれの社会観の構造を明らかにしてみよう。

このような分析において，常套手段として用いられる方法は因子分析である。そこでここでも因子分析をおこなった。

表5-2は，dからiまでの6項目について，高校生のデータについて因子分析をおこなったものである[1]。

表5-2にみられるように，第1因子は，e「日本で働きたい外国人のために，政府はもっと工夫をするべきだ」，f「太平洋戦争や植民地支配のことで，日本は被害を与えた国に謝罪すべきである」の因子負荷量が大

表5-2 高校生の因子分析（バリマックス回転後）

	第1因子〈国際化志向〉	第2因子〈伝統志向〉	第3因子〈公重視〉
d．福祉のため税金を上げることもやむなし	.126	−.008	.783
e．就労外国人のために政府は工夫すべき	.824	.004	.001
f．戦争の件で日本は謝罪すべき	.781	−.007	.009
g．国のためにやりたいこと制限されても構わない	−.003	.221	.744
h．日本の文化・伝統は他の国よりも優れている	−.002	.832	−.101
i．行事の際に，国歌・国旗を用いるべき	−.002	.731	.268
固　有　値	1.502	1.360	0.992
寄　与　率（％）	25.028	22.671	16.528

きく(それぞれ .824 .781),国際化および国際関係に関するイッシューへの進歩的な態度を示しているから,〈国際化志向〉因子と呼ぶことにする。

第2因子は,h「日本の文化や伝統は,他の国よりも優れている」,i「特別な行事の時には,国歌を歌ったり,国旗をあげるべきだ」の因子負荷量が大きく(それぞれ .832 .731),伝統を重視する態度を示しているから,〈伝統志向〉因子と呼ぶことにする。第3因子は,d「福祉サービスを充実させるために,税金を上げることもやむをえない」,g「国のために,自分のやりたいことが制限されてもかまわない」の因子負荷量が大きく(それぞれ .783 .744),公を重視する態度を示しているから,〈公重視〉因子と呼ぶことにする。

このように高校生のデータからは,3つの因子が抽出されたのであるが,高校教師のデータの場合にはどうなるのであろうか。

2.2 高校教師データの因子分析

dからiまでの6項目について,高校教師のデータについて因子分析をおこなった結果が,表5-3である。

表5-3でまず注目されるのは,高校生のデータでは,3つの因子が抽

表5-3 高校教師の因子分析(バリマックス回転後)

	第1因子〈国際化・革新志向〉	第2因子〈公重視〉
d. 福祉のため税金を上げることもやむなし	.167	.803
e. 就労外国人のために政府は工夫すべき	.730	.148
f. 戦争の件で日本は謝罪すべき	.769	−.003
g. 国のためにやりたいこと制限されても構わない	−.234	.671
h. 日本の文化・伝統は他の国よりも優れている	−.611	.157
i. 行事の際に,国歌・国旗を用いるべき	−.624	.450
固 有 値	2.098	1.215
寄 与 率(%)	34.963	20.248

出されたのに対して，高校教師のデータでは，2つの因子が抽出されていることである。高校教師データの第1因子では，e「日本で働きたい外国人のために，政府はもっと工夫をするべきだ」，f「太平洋戦争や植民地支配のことで，日本は被害を与えた国に謝罪すべきである」，h「日本の文化や伝統は，他の国よりも優れている」，i「特別な行事の時には，国歌を歌ったり，国旗をあげるべきだ」の因子負荷量が大きいから（それぞれ .730 .769 －.611 －.624），高校生における第1因子（〈国際化志向〉因子）と第2因子（〈伝統志向〉因子）とが，高校教師では1つの因子に統合されているといえる。

このことは，高校生では，国際化を重視する態度と伝統を重視する態度とが同一の次元にのっていないのに対して，高校教師では，同一の次元にのっていることを示している。つまり高校教師では，伝統を重視する態度と国際化を重視する態度とは，対極的なものとして位置づけられているから，伝統を重視する態度は国際化を重視しない態度へと直結しているのである。これに対して，高校生では，国際化を重視する態度と伝統を重視する態度とは，相互に独立な態度として存在する。さらに解釈を加えるならば，若者の国際化に対する態度と伝統に対する態度とは，大人世代のそれとは異なったものになっていると考えられる。

このように，高校教師データの第1因子は，高校生データの第1因子と第2因子とを統合したものになっている。しかし他方で，高校教師データの第2因子では，d「福祉サービスを充実させるために，税金を上げることもやむをえない」，g「国のために，自分のやりたいことが制限されてもかまわない」の因子負荷量が大きいから（それぞれ .803 .671），高校生における第3因子（〈公重視〉因子）とほぼ同じ因子だと考えられる。そこで高校教師における第2因子を，高校生における第3因子と同様に，〈公重視〉因子と呼ぶことにする。

くりかえすまでもないが，本研究に通底する問題意識は高校生の規範意識が大人世代のそれとどの程度変化しているのかということであるから，

ここで問われるべきは，最近のヨーロッパ諸国における反グローバリゼーションの主張や右翼の台頭，我が国における「新しい歴史教科書」の動きに対応する，若者のぷちナショナリズム・保守化傾向[2]は，大人世代の保守主義とは，その内実がどの程度異なるものなのかということである。

今回の調査データから，この問題に直接答えることはなかなか難しいが，1つのヒントになるのは，すでにふれたように，本調査データから得られた「高校生は，高校教師に比べて，公よりも私を重視している，すなわち公を重視していない」という知見である。

この知見から推測されるのは，若者のぷちナショナリズム・保守化傾向は，公重視の価値観にもとづいているのではなくて，基本的に私重視の価値観にもとづいているということである。この点は，他の章でもとりあげられているように，森真一のいう若者の「人格崇拝」と関係しているといってよい（森 2001）。換言すれば，若者の保守意識は，私もしくは個人を重視する価値観を前提にして成立しているから，従来からの共同体を基盤にした「お国のため」「滅私奉公」といった価値観とは異なっているといえよう。と同時にこの若者の保守意識が，近年の小泉首相人気や石原慎太郎都知事人気に象徴的に示されているようなポピュリズムと親近性をもっていると考えられることも注目される[3]。

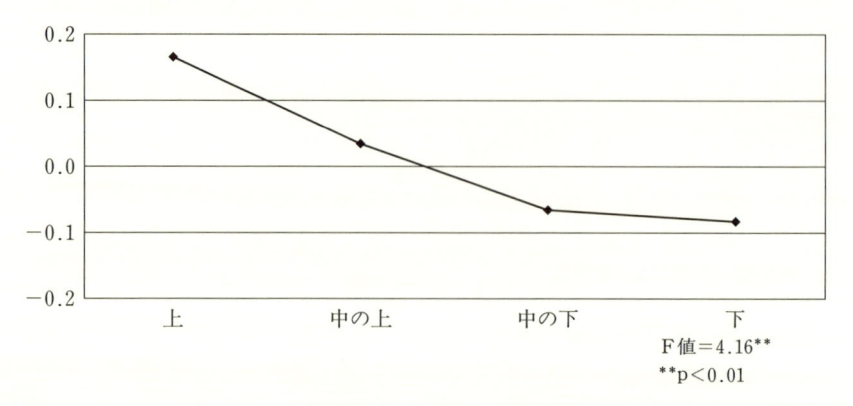

F 値＝4.16**
**$p<0.01$

図 5-2　成績別の〈公重視〉因子得点（高校生）

3. 高校生・高校教師の社会観を規定する要因

3.1 成績，部活動の有無，性別による3因子の違い

高校生データでは3因子，高校教師データでは2因子抽出されたので，これらの因子得点が，高校生および高校教師の属性によって，どの程度異

〈国際化志向〉因子

F値＝8.03**

〈伝統志向〉因子

F値＝15.34**

〈公重視〉因子

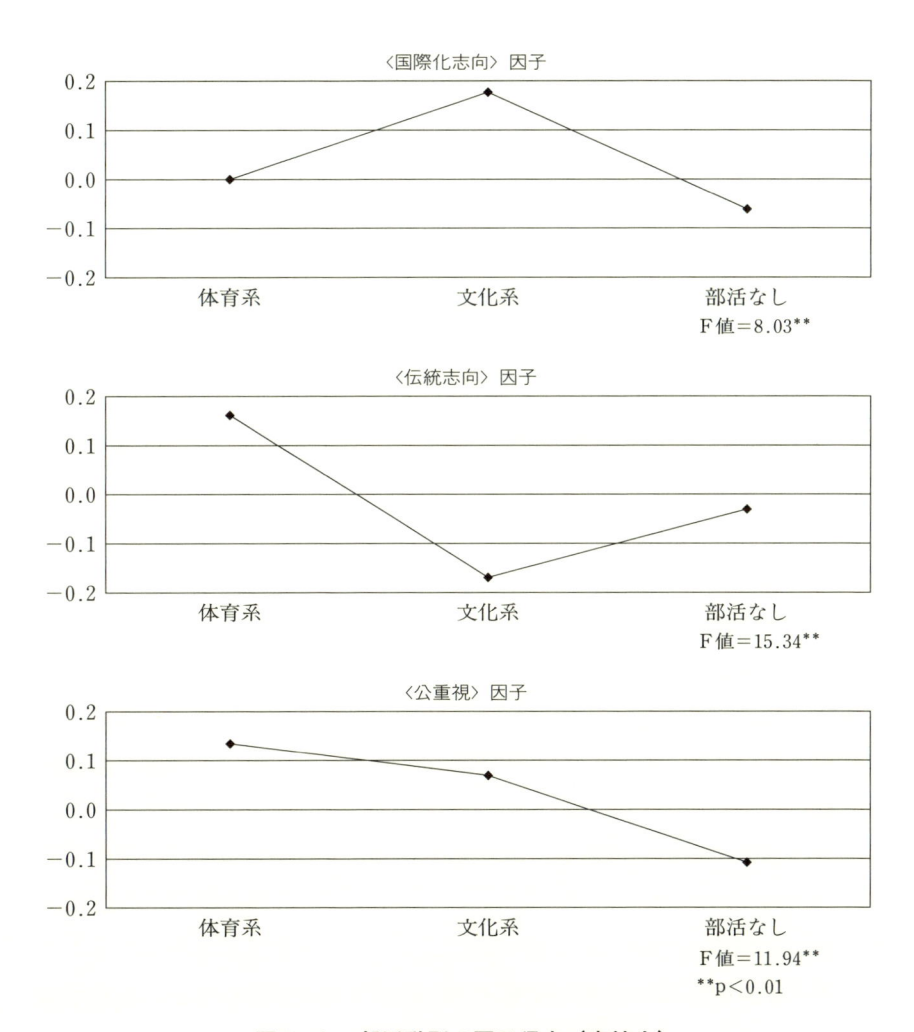

F値＝11.94**
**$p<0.01$

図5-3　部活動別の因子得点（高校生）

〈国際化志向〉因子

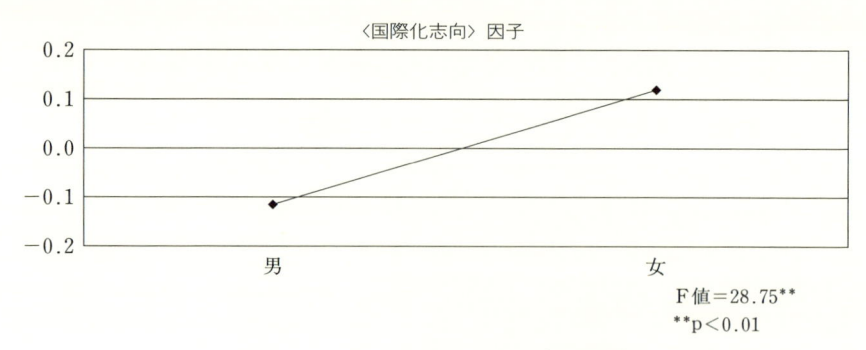

図5-4 男女別の因子得点（高校生）

F値＝28.75**
**p＜0.01

なるかをみていく。

そのような属性として，高校生データでは，本人の学校での成績（「上」，「中の上」，「中の下」，「下」の4段階)[4]，部活動の有無（「体育系の部活動」，「文化系の部活動」，「部活動の経験なし」の3段階），性別がある。

図5-2，5-3，5-4では，属性によって因子得点の違いがみられたもののみを，とりあげている。

まず，図5-2の学校での成績別では，第3因子（〈公重視〉因子）のみで違いがみられた。その結果，成績のよい生徒は，成績の悪い生徒に比べて，公を重視していることが明らかだが，〈国際化志向〉因子，〈伝統志向〉因子では，成績による違いがみられなかった（図省略）。

つぎに部活動の有無では，3因子すべてで違いがみられた。図5-3から明らかなように，体育系の部活動をしている生徒は，伝統を重視し，公を重視している。これに対し，文化系の部活動をしている生徒は，国際化を重視し，革新志向である。

この結果は，よくいわれる「体育会系」のイメージと重なりあうものである。「体育会系」という言葉の本来の意味は，大学の体育会系の運動部に所属していることを意味しているが，ここでの分析に示されているように，すでに高校生において，体育系の部活動への参加の有無が，規範意識に違いを生み出していることは注目に値する。

たしかに体育系の部活動をするか，それとも文化系の部活動をするかは，生徒のパーソナリティによって決まる側面がある。つまり生徒のパーソナリティが原因変数であって，どの部活動に所属するかが結果変数である側面を否定できない。しかし逆に，部活動のあり方が生徒の規範意識の形成に影響する側面も当然考えられるのであり，ここでの分析は，いうまでもなくこの側面に焦点をあてるものである。そうすると，体育会系の部活動は，先輩―後輩の上下関係や挨拶などの礼儀を重視するから，伝統志向になり，公重視になるものと考えられる。それに対して，文化系の部活動は，活動の一環として国際関係に関するテーマをとりあげることもあるから，国際化を重視し，革新志向になるものと考えられる。

ただし，部活動を行なっているのは，全生徒の51.1％にしかすぎず，48.9％は部活動をしていないから，「体育系の部活動」と「文化系の部活動」との違いを強調することには，幾分慎重でなければなるまい。

性別では，第1因子（〈国際化志向〉因子）で違いがみられたのみで，第2因子（〈伝統志向〉因子），第3因子（〈公重視〉因子）では違いがみられなかった。図5-4から明らかなように，女子生徒は男子生徒よりも国際化志向が顕著であり，この結果，女子生徒は，男子生徒に比べて，国際化および国際化に関するイッシューに対して開明的かつ進歩的な態度をもっていることが明らかになっている。

3.2 学校タイプによる高校生の社会観の違い

学校タイプ別に，3因子の因子得点を求めたものが，図5-5である。第2因子（〈伝統志向〉因子）では，学校タイプによる違いがみられないものの，第1因子（〈国際化志向〉因子）と第3因子（〈公重視〉因子）では，違いがみられる。したがって，学校タイプによる違いは，性別による違いよりも大きいことが明らかである。

特に普通科Aは，普通科B，職業科に比べて，公を重視するという特色を示している。普通科Aが，大学への進学率も高く，地域のエリート校と

〈国際化志向〉因子

〈伝統志向〉因子

〈公重視〉因子

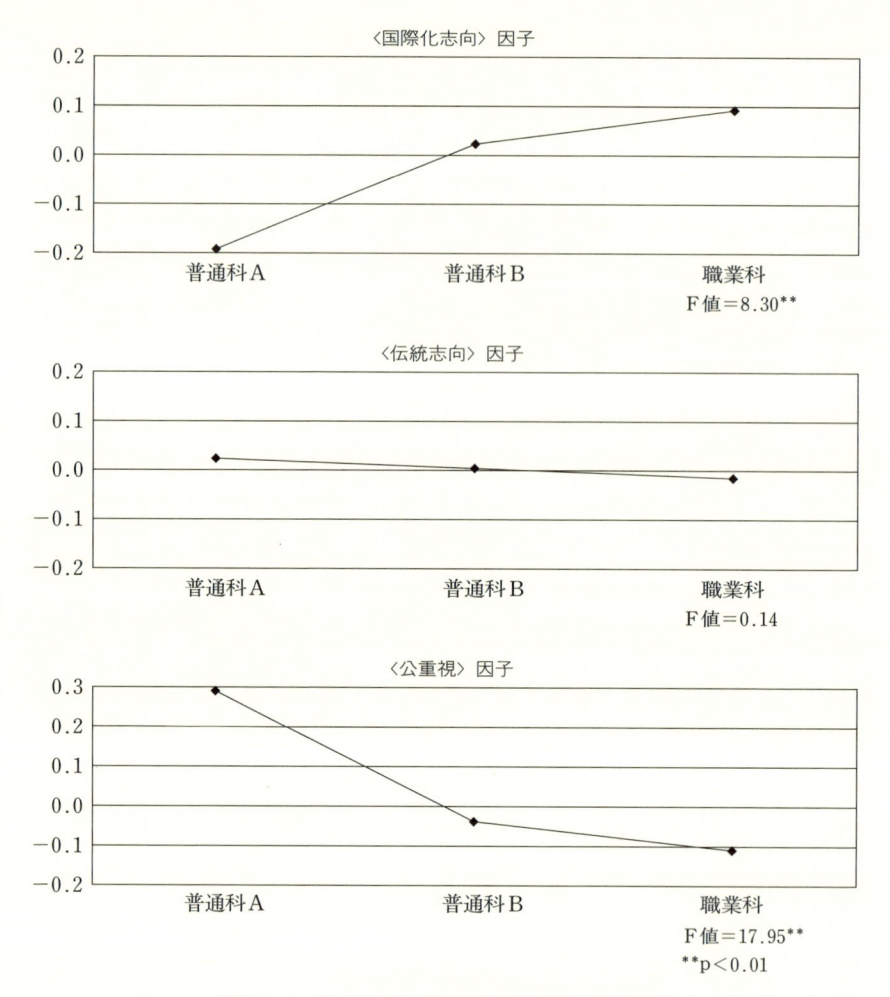

F値=8.30**

F値=0.14

F値=17.95**
**p<0.01

図5-5　学校タイプ別の因子得点（高校生）

しての評価も高い学校であることを考えると，普通科Ａの独自性は，一層注目される。

　すでに高校生の保守意識は，私重視の価値観を前提にして成立していると述べたが，このことに普通科Ａの独自性を重ねあわせると，つぎのようなことがいえるであろう。

高校教師に比べて，高校生では，私重視の価値観が支配的である。しかし，そういう趨勢にもかかわらず，エリート校としての評価のある普通科Aで，反国際化志向と公重視の価値観が強いことは，若者の保守意識がエリート校を中心にしたものであることを示しているし，さらにはこの保守意識が今後，日本社会の中核的な価値観になっていくのではないかと考えられることである。

かつて冷戦構造下の55年体制のもとでは，政治的イッシューとして「保守―革新」という二項対立が明瞭であり，この二項対立は，多くの人々にリアリティのある図式として受容されてきた。少し具体的に表現するならば，当時の日本社会では，農業従事者や自営業者が保守支持であるのに対して，都市の高学歴の新中間層（ホワイトカラー）は革新支持であるという図式が成立していた[5]。

しかるにエリート校において，保守意識の強さが（あくまで，他の高校の生徒に比べての相対的な強さだが）みられるという，本調査の結果は，若者（高校生）のなかで，かつての「保守―革新」図式が完全に消え去り，従来とは異なる新しい保守意識が，時代を先取りする形で誕生していることを示しているといえる。要するに，保守意識の質的変容が起こっているのではないかということが，本調査のデータ分析の結果から解釈されるのである。

エリート校にみられる保守意識の強さを，ひとまず「新しい保守意識」と呼ぶならば，この新しい保守意識が，すでに指摘したように体育系の部活動をする生徒によって強いことが注目される。もちろん，エリート校の保守意識と体育系の部活動をする生徒の保守意識とが完全に重なりあうものではないが，本調査によって，新しい保守意識を胚胎させる基盤が明らかになったのは，特筆されてよい。

3.3　満足度と高校生の社会観

現在の日本社会への満足度別に，3因子の因子得点を求めたのが，図

〈国際化志向〉因子

満足している / どちらかといえば満足している / どちらかといえば満足していない / 満足していない

F値=7.77**

〈伝統志向〉因子

満足している / どちらかといえば満足している / どちらかといえば満足していない / 満足していない

F値=10.62**

〈公重視〉因子

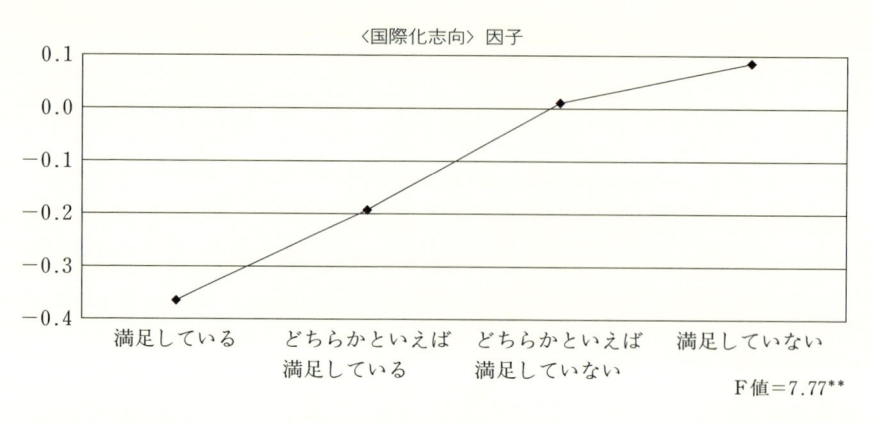

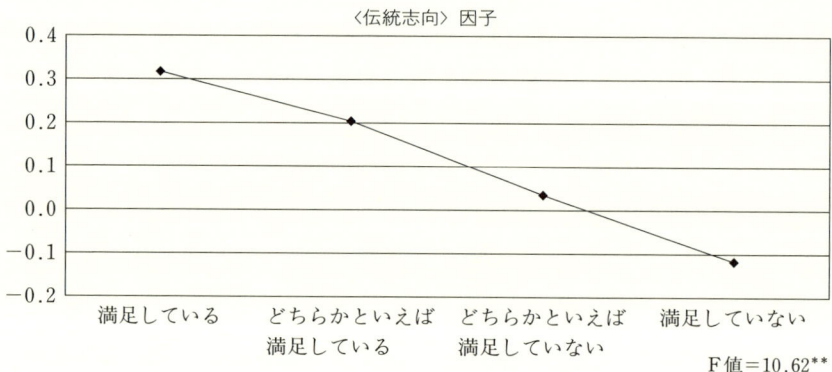

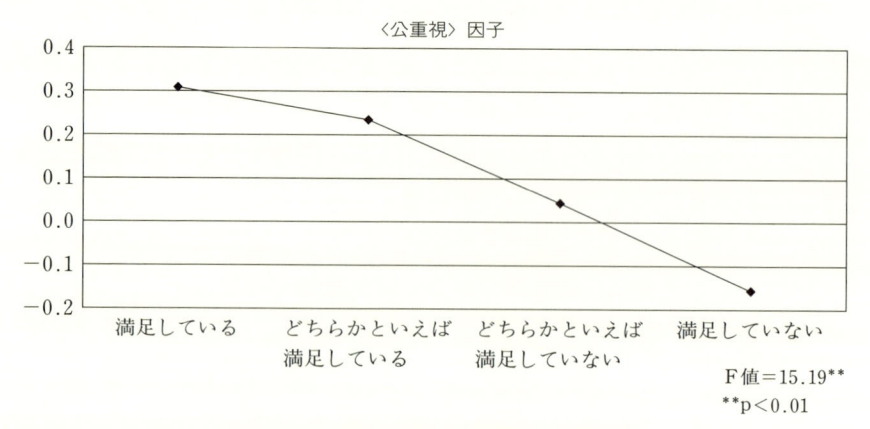

満足している / どちらかといえば満足している / どちらかといえば満足していない / 満足していない

F値=15.19**
**p<0.01

図5-6　満足度別の因子得点（高校生）

5-6である。第1因子（〈国際化志向〉因子），第2因子（〈伝統志向〉因子），第3因子（〈公重視〉因子）のいずれにおいても，満足度による違いが顕著である。図5-6から明らかなのは，現在の日本社会への満足度の高い高校生は，満足度の低い高校生に比べて，①反国際化志向であり，②伝統を重視しており，③公を重視していることである。

しかるに本研究での満足度という変数は，あくまで高校生の主観的な意識をきいており，客観的な要因を測定したものではない。したがって単純に，満足度が独立変数（原因変数）であり，社会観（より正確には因子得点）が従属変数であるとする〈満足度 → 社会観〉という図式を前提にすることはできない。逆に，ある社会観をもっている人は，社会に対する満足度も高くなるという〈社会観 → 満足度〉という図式を想定することも，当然のことながらできる。つまり，主観的な意識項目の間に，因果関係を想定することはできないが，両者の間に関連があるかないかを検討することはできるのである。その結果，ここでは，満足度と社会観との間には，顕著な関連があることが明らかになったのである。

現在の日本社会への満足度の高い高校生は，①反国際化志向であり，②伝統を重視しており，③公重視の社会観をもっているという発見は，高校生の保守意識が，現在の日本社会への満足度と強く関連していることを示している。

この知見をすでにふれたエリート校における保守意識の強さという知見と結びつけるならば，保守意識を醸成する要因として，エリート校へ在学しているか否かというトラッキング効果と，現在の日本社会への満足感の高さとがあると考えられるであろう。

3.4 管理職志向による高校教師の社会観の違い

高校教師調査では，規範意識の違いを明らかにする属性があまり収集されていない。そのようななかで唯一，管理職志向に関するデータがあるので，この属性によって，高校教師の規範意識の違いをみることにした。

〈国際化・革新志向〉因子

　　　　　　　　　　　　　　　　　　F値=21.75**

〈公重視〉因子

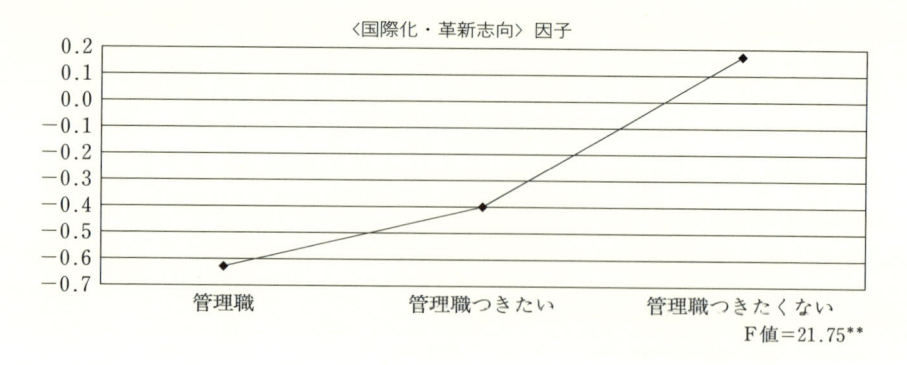

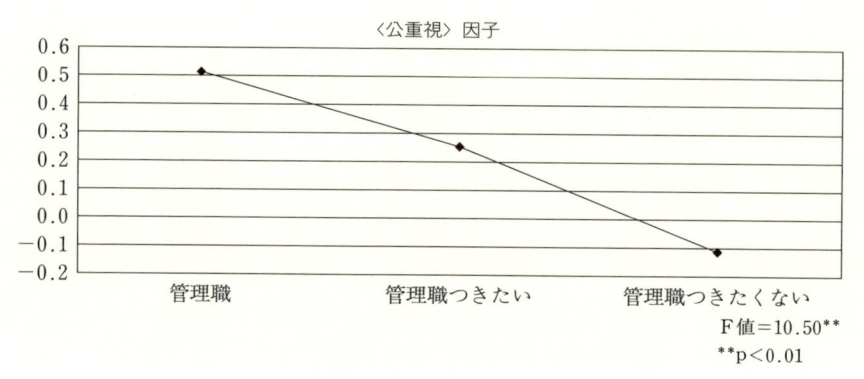

　　　　　　　　　　　　　　　　　　F値=10.50**
　　　　　　　　　　　　　　　　　　**p<0.01

図5-7　管理職志向別の因子得点（高校教師）

　管理職志向に関する属性とは，高校教師を，①現在管理職に就いている者，②現在管理職に就いていないが，将来管理職に就きたいと思っている者，③現在管理職に就いていないし，将来も就きたくないと思っている者の，3つのタイプに分類したものであり，図5-7は，第1因子（〈国際化・革新―反国際化・伝統〉因子）と第2因子（〈公―私〉因子）の因子得点を求めたものである。その結果，管理職に就いているもしくは管理職に就きたいという志向が強ければ強いほど，反国際化・伝統志向であり，公重視の態度をとるようになることが明瞭である。
　高校現場では，管理職の方が伝統や公を重視しており，国際化に関するイッシューに敏感でないとしばしばいわれるが，本調査のデータ分析の結

果は，このことを一目瞭然なものとして示している。

　この管理職の意識もまた，保守意識の一形態であるから，前述したエリート校を中心とした高校生の保守意識と比較してみよう。そうすると，管理職の保守意識は，「保守―革新」図式に重なりあう旧来の保守意識であるのに対し，若者の保守意識は，旧来の保守意識とは質を異にする「新しい保守意識」であるといえよう。

［注］
1) 当初は，dからjまでの7項目について因子分析をおこなったが，j「しきたりや慣習には時代遅れになっているものも多いから，意味がないものはとりやめていくべきだ」については，因子負荷量の解釈が困難なところもあったので，j項目を除いて，6項目で因子分析をおこなった。その結果，6項目での因子分析の方が，因子負荷量の解釈が容易だったので，6項目での因子分析を採用した。6項目での因子分析を採用したのは，あくまで試行錯誤の結果であり，事前に判断基準があったわけではないこと，とはいえ6項目での因子分析の結果と7項目での因子分析の結果とに大きな違いはなかったことを付記しておく。
2) ぷちナショナリズム・保守化傾向については，香山（2002）を参照のこと。
3) 本章では，保守主義および保守意識という言葉を，第1に伝統志向（＝日本賛美）という意味で，第2にナショナリズム尊重という意味で，捉えている。
　しかし西洋の政治思想を瞥見すると，近代初頭では，保守主義は中世を保守するものであったのに対して，ナショナリズムは国民国家を前提にした，現状変革的（＝ラディカル）な思想として，したがって保守主義に対立する思想として，登場してきたことが明らかになる。さらに，ナショナリズムは，一方で市民権と結びついた自由主義的な側面を有するとともに，他方で20世紀におけるファシズム抬頭の苗床になるというネガティブな側面を有しており，きわめて両義的な概念である。
　このように保守主義という概念も，ナショナリズムという概念も，使用する場合には，注意を要するが，本章では，保守主義および保守主義という言葉を，わが国で通常よく用いられる上記2つの意味にしたがって，用いることにした。
　保守主義という概念の多義性については，荒井功氏（久留米大学教授）のご教示に負う。ナショナリズムの両義性については，たとえばGiddens（1987＝1998）を参照のこと。
4) 学校での成績は，本人の自己申告によるものであるから，当然のことながら，データとしてどこまで正確であるのかという問題が残る。本来ならば，学校側から成績のデータをもらい，本調査データに接合して分析する方が，より正確な分析となるが，個人が特定されることや個人情報保護の問題等から，学校側から成績のデータを入手するのは，ほとんど困難なのが現状である。このような現状を考慮すると，学校での

成績のデータとして，本人の自己申告によって収集することも，やむをえざる方法として，承認されるであろう。

しかし1つの傍証として，学校での成績別に，現在の成績への本人の満足度得点を求めてみると，付表1のようになった。したがって本人の自己申告による学校での成績のデータも，かなり正確だといえよう。

付表1から明らかなように学校での成績と現在の成績への満足度との関連はきわめて大きい。

付表1　成績別の満足度

成　績	現在の成績への満足度
上	2.65
中の上	2.03
中の下	1.63
下	1.35
平　均	1.83
F　値	192.11***

$***p<0.001$

（注）現在の成績への満足度は，現在の成績に「満足している」4点，「どちらかといえば満足している」3点，「どちらかといえば満足していない」2点，「満足していない」1点，として数値化した。

5）55年体制と「保守―革新」図式については，伊東（1970），福武（1972）を参照のこと。「保守―革新」図式の変質と，「支持政党なし」の増加という趨勢については拙著（友枝 1998）を参照のこと。

[文献]

福武直，1972，『現代日本社会論』東京大学出版会.
Giddens, A., 1987, Social Theory and Modern Sociology.（＝1998，藤田弘夫監訳『社会理論と現代社会学』青木書店.）
伊東光晴，1970，『保守と革新の日本的構造』筑摩書房.
片瀬一男編，2001，『教育と社会に対する高校生の意識――第4次調査報告書――』東北大学教育文化研究会.
香山リカ，2002，『ぷちナショナリズム症候群』中公新書ラクレ，中央公論新社.
内閣府編，2001，『青少年白書（平成13年版）』財務省印刷局.
森真一，2000，『自己コントロールの檻』講談社.
尾嶋史章編，2001，『現代高校生の計量社会学』ミネルヴァ書房.
友枝敏雄，1998，『戦後日本社会の計量分析』花書院.

第6章　高校生・高校教師の校則意識

鈴木　譲

1．校則問題

　本章では，高校生と高校教師が校則に関してどのような規範意識を持っているかについて考察する。いわゆる校則問題は，学級崩壊，いじめ問題，管理主義教育，子どもの人権などとの関連で論じられており，校則に関しては対立する2つの立場がある。1つは，学校において秩序を維持するためには校則を遵守することは当然であるとする校則擁護の立場である。いま1つは，校則はできるだけ少なくして生徒自らの手で必要最小限の規則を作らせるのが良いとする校則縮減の立場である（石飛 1994）。学級崩壊やいじめ問題が深刻化するに従って，これらの問題の解決を校則の遵守に求める動きが生じ，違反者に対しては口頭注意，説諭，誓約書，始末書，反省文，保護者呼び出しなどの措置がとられるようになってきた。ところが校則の遵守を求めるあまりに，違反者に対して学校教育法第11条で禁止されている体罰を科する場合が見られるようになり，これに対して管理主義教育への批判，子どもの人権侵害への批判などの動きが生じたわけである。校則縮減の立場から書かれたものとしては，高校生自身からの校則・体罰批判（はやし 1987），生徒主体で校則改正を行った事例報告（池田・諏訪 1991），管理主義教育に対する批判（尾山・高野 1986）などがある。

校則に関するこれまでの研究は，主に法律学と教育社会学の分野においてなされている。法律学の分野での主題は，校則の法律的な意義と子どもの人権である。たとえば，栃木県弁護士会（1996：56-63）は，法律論から見た校則の性格づけと法的強制力については，特別権力関係説，附合契約説，在学契約説，部分社会の法理説の4つの説をあげており，子どもの権利に関しては，憲法13条（幸福追求の権利）によって保障されている基本的人権の1つである人格的自律権（自己決定権）を法的基盤として説明している。もちろん，法律学の分野においても校則に関する調査は行われている（日本弁護士連合会第28回人権擁護大会シンポジウム第1分科会実行委員会 1985；栃木県弁護士会 1996）。しかしながら，これらの調査は校則に関する実態調査であり，意識調査ではない。これらの調査の焦点はあくまで校則の内容，運用，改訂手続きなどである。

次に教育社会学の分野における校則の研究であるが，これは主に学校経営学の領域で行われており，高野桂一の実証的研究が代表的なものとされている。しかしながら高野（1976, 1982）における事例調査は，学校内部規定がどのように形成・実施・管理されているかについて調べたものであり，校則に関する意識調査ではない。校則に関連する意識調査として教育社会学の分野で見られるのは，学校経営学の領域における生徒文化研究である（松原ほか 1980；耳塚 1982）。松原ほか（1980）においては，学校の階層的地位の差と生徒文化との関係を分析しており，高校生への質問紙調査と高校教師へのインタビューを行っている。この質問紙調査には校則についての質問項目が含まれてはいるが，校則に関する規範意識が直接分析されているわけではない。「校則は校則だから当然守るべきだと思う」という質問項目に対して「はい」，「いいえ」の二者択一方式で回答が設定されており，この項目は行動の組織化と規則への関与との関係を分析するための媒介要因として扱われているに過ぎない（松原ほか 1980：40）。

以上見たとおり，これまでの校則に関する研究は校則の内容と運用に焦点が当てられており，生徒と教師が校則をどのようにとらえているかにつ

第6章　高校生・高校教師の校則意識　　　　　　　　　151

表6-1　先生からの期待・生徒への期待の比較　　　（単位：人）

	そう思う	どちらかといえばそう思う	どちらかといえばそう思わない	そう思わない	合　計
高校生	68 (3.2%)	314 (14.9%)	699 (33.3%)	1,020 (48.5%)	2,101 (100.0%)
高校教師	216 (39.3%)	270 (49.2%)	54 (9.8%)	9 (1.6%)	549 (100.0%)

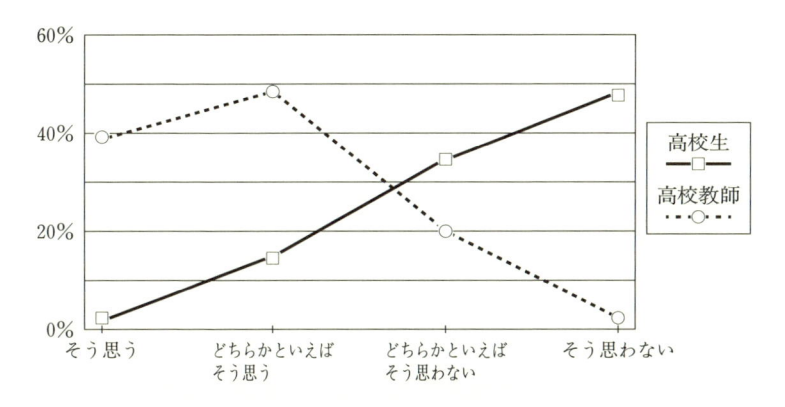

図6-1　先生からの期待・生徒への期待の比較

　いてはほとんど分析がなされていない。そこで本章では，高校生と高校教師に対して行った質問票調査のデータにもとづいて，校則の擁護・縮減に関する意識（以下，校則意識とよぶ）について分析を行う。具体的には3つの観点から分析を行うが，第1はこの校則意識が高校生と高校教師とではどのように異なるのかである。

　高校生と高校教師との間で一般的に意識に差があることは誰しも想像するところであるが，どのような差異があるのかについて実際のデータにもとづいて述べられたものは非常に少ない。今回の調査においては，校則以外の点でも色々な側面で両者の意識の差が明確になっている。一例として，高校生に，「自分は先生から期待されている」（問8e）という文章を4段階で評価してもらい，高校教師には，「全体的に見て，生徒には期待して

いる」(問2c) という文章を4段階で評価してもらった結果の比較を表6-1に,またグラフを図6-1に示す。

明らかに,多くの高校教師は生徒に期待していると考えているが,多くの高校生は先生から期待されているとは考えておらず,両者の意識の差が明確に現れている。ただ,本章では分析の焦点はあくまで校則意識であるので,校則意識に関して高校生と高校教師との間での比較分析を行う。これに加えて,高校生に対象を限定した場合に高校の学校階層的地位によって校則意識はどのように異なるのか,さらには,高校教師に対象を限定した場合に非管理職と管理職とでは校則意識はどのように異なるのか,これらの点を計量的に分析する。次節では,計量分析を行うための分析枠組みについて説明する。

2. 分析枠組み

本章で校則意識の分析を行うにあたっては,実証主義的な枠組みを前提としている。これは,Wilson (1971) の表記に従えば規範的パラダイム (normative paradigm) とよばれるものに相当する。誤解を避けるために確認しておくと,ここで用いられている「規範的」(normative) という用語は,価値判断にもとづく規範的理論 (prescriptive theory) を意味しているわけではない。規範的パラダイムにおいては,あくまで規範 (norm) を所与の制約条件として扱い,この規範によって行為者の行為が規制されていると考えるわけである。これは実証主義的な枠組みにおいてはきわめて自然な前提であるが,現象学的な枠組みとしての解釈的パラダイム (interpretive paradigm) においては必ずしも受け入れられない。校則の実態を理解するためには,規範的パラダイムではなく解釈的パラダイムを用いるべきだという議論もあるが (石飛 1994),本章では規範的パラダイムにもとづく計量分析を行う。

分析において従属変数とするのは,校則の擁護・縮減に関する意識,す

なわち校則意識である。高校生と高校教師とでは調査票の質問項目が異なるために，この変数の具体的設定も高校生と高校教師とで多少異なるが，いずれにしても校則に関する複数の質問項目からリッカート尺度として構成される。この変数は，値が大きいほど回答者が校則擁護に賛成であることを示し，値が小さいほど回答者が校則縮減に賛成であることを示すように設定される。

　通常の校則問題の議論においては，教師の側は校則の擁護に賛成であり，生徒の側は校則の縮減に賛成であるとして，校則擁護・校則縮減の対立が教師・生徒の対立として図式化されることが多い。しかしながら，このような単純な図式化は2つの点から不十分であると言わざるを得ない。第1に，たとえ校則擁護・校則縮減の対立が，事実上教師・生徒の対立になっていたとしても，これからただちに教師・生徒という区別が校則意識に本質的な影響をおよぼすとは断定できない。これは，いわゆる擬似的効果（spurious effect）を考慮する必要があるからである。たとえば，教師と生徒との間の伝統維持に関する意識の差が，両者の校則意識の差に影響しているとする。もしも，教師と生徒の校則意識の差が，すべて伝統維持に関する両者の意識の差によって説明されるならば，本質的に重要な関係は，教師が伝統維持に肯定的であり生徒が伝統維持に否定的だということになり，教師と生徒という区別は二次的なものに過ぎなくなる。

　第2に，教師・生徒の対立図式においては，教師，もしくは，生徒の集団がそれぞれ等質的な校則意識を持つことが前提となっているが，このような前提は非現実的である。当然ながら，生徒の間にも校則意識に関して差があり，教師の間にも校則意識に関して差があるはずである。ここで，生徒の間の校則意識の差はどのような要因に影響されており，教師の間の校則意識の差はどのような要因に影響されているのかを分析することが必要である。

　以上の点をふまえて，次節からは校則意識を3つの観点から分析する。まず3節では，高校生と高校教師との間の比較分析を行う。この分析にお

いては，高校生・高校教師の区別をダミー変数とし，擬似的効果を考慮していくつかの意識変数を含めたモデルを設定する。次に4節では，対象を高校生に限定し，高校の学校階層的地位を表す変数といくつかの意識変数からなるモデルを設定する。5節では，対象を高校教師に限定し，非管理職・管理職の区別のためのダミー変数といくつかの意識変数からなるモデルを設定する。

　ここで独立変数としては，すべての場合に共通に用いる変数として回答者の性別，伝統維持に関する意識，国家に対する従属性，生徒・教師に対する心理的距離感の4つを設定する。伝統維持に関する意識変数を設定したのは，校則が伝統の一種としてとらえられていることを考慮したからである。また，国家に対する従属性を変数として設定したのは，校則よりも上位の権力に対する意識と校則意識との関係を見るためである。高校生は，校則と国家との両方に対して従属関係にある。しかしながら，高校教師の場合には国家に対しては従属する立場にあるが，校則に関しては生徒に対して権威を行使する立場にあり，立場が異なっている。また，生徒から見た教師への心理的距離感，教師から見た生徒への心理的距離感を設定したのは，相手への心理的距離感の大小と，相手からの校則の行使，もしくは，相手への校則の行使がどのような関係にあるかを見るためである。

　高校教師の場合には，以上の4つの変数に加えて，教職歴と校則に関する実質合理性意識とを独立変数として設定している。ここで，校則に関する実質合理性意識とは，校則の遵守と学業成績とを結びつける傾向のことである。以上述べた変数設定をまとめると表6-2のとおりである。各変数の設定は高校生と高校教師の場合で多少異なる場合もあるが，高校生用，高校教師用質問項目との対応は表6-3に示すとおりである。1つの変数が複数の質問項目からなっている場合は，変数の値はそれらの質問項目の回答値の和，すなわちリッカート尺度として構成されている。また，各質問項目は4段階評価，もしくは5段階評価で回答が設定されているが，変数として扱う際には適宜それらの評価値を逆転させている。なお，独立変

第6章　高校生・高校教師の校則意識　　　155

表6-2　変数の設定一覧

	高校生・高校教師の比較	高校生のみの分析	高校教師のみの分析
従属変数	校則意識	校則意識	校則意識
独立変数1	生徒・教師区別	学校階層上地位	非管理職・管理職
独立変数2	性別	性別	性別
独立変数3	伝統維持意識	伝統維持意識	伝統維持意識
独立変数4	国家への従属性	国家への従属性	国家への従属性
独立変数5	相手への心理的距離	相手への心理的距離	相手への心理的距離
独立変数6			教職歴
独立変数7			校則の実質合理性意識

表6-3　変数と質問項目との対応一覧

	高校生・高校教師の比較		高校生のみの分析	高校教師のみの分析	各質問の回答値
	高校生	高校教師			
校則意識	10a*, 10b, 10d*	4a*, 4b, 4d*	10a*, 10b, 10d*	4a*, 4b, 4c, 4d*	1～4
性別	1a	25a	1a	25a	1, 2
伝統維持意識	18j	11j	18j	11j	1～5
国家への従属性	18g*	11g*	18g*	11g*	1～5
相手への心理的距離	8b, 8d	2a, 2b	8b, 8d	2a, 2b	1～4
教職歴				25c	1～6
実質合理性意識				20c*	1～5

注：＊印のある質問項目については，4段階評価または5段階評価の値を逆転させて扱っている。複数の質問項目があげられている場合には，リッカート尺度を構成している。

数1の生徒・教師区別については，対応する質問項目があるわけではないので，表6-3には含まれていない。同じく独立変数1の学校階層上地位と非管理職・管理職の変数については，特定の質問項目に対応しているわけではないので4節，5節でそれぞれ具体的に説明する。

3．校則意識の比較分析——高校生・高校教師による相異——

本節では，高校生と高校教師とでどのように校則意識が異なるかを分析する。今回調査対象とした高校生は2,117人，高校教師は551人であり，

表 6-4　校則意識と高校生・高校教師のクロス表　　　（単位：人）

	校則縮減傾向	中間層	校則擁護傾向	合計
高校生	624 (29.7%)	1,314 (62.5%)	164 (7.8%)	2,102 (100.0%)
高校教師	5 (0.9%)	248 (45.2%)	296 (53.9%)	549 (100.0%)
全体	629 (23.7%)	1,562 (58.9%)	460 (17.4%)	2,651 (100.0%)

　両者を合体した2,668人を分析するので，従属変数と独立変数は高校生と高校教師に共通の質問項目に依拠して設定する必要がある。まず従属変数に関しては，高校生用の問10a，10b，10dとこれに対応する高校教師用の問4a，4b，4dからリッカート尺度を構成し，校則意識の変数とした。クロンバックのアルファは，0.69であった。リッカート尺度の構成においては，大きな値が校則擁護肯定の意識の高さに対応するように，問10a，10d，4a，4dの質問について4段階の評価値を逆転させて扱っている。

　分析に先立ち，全体的な傾向を見るために校則意識と高校生・高校教師とのクロス表を表6-4に示す。各質問は4段階評価であるので，3つの質問からリッカート尺度として構成された校則意識の変数は，3から12までの値をとる。校則意識に関して3から12までのすべての値を示すのは煩雑になるので，3から5（校則縮減傾向），6から9（中間層），10から12（校則擁護傾向）の3つに分類している。高校生では校則縮減傾向に3割近くが属しているのに対して，高校教師は5割以上が校則擁護傾向に属しており，校則縮減・校則擁護の対立が教師・生徒の対立としてとらえられることを示唆している。

　しかしながら，このクロス表は校則意識と高校生・高校教師の2変数のみの関係を示した結果であり，他の要因についてはいっさい考察の対象とされていない。もちろん，他の要因についても，校則意識とのクロス表を個別に作成することは可能である。しかし，多数のクロス表を作成したとしても，一時点で制御されている変数の個数はあくまで2つであり，3つ以上の変数を同時に制御しているわけではない。言うまでもなく，ここに

分析手法としてのクロス表の限界がある。3つ以上の変数を同時に制御した上で各独立変数の従属変数への影響を分析するためには，多変量解析の手法を用いる必要がある。なお，異なった変数を制御した場合には，分析結果がどのように変化するかは一般的には予測することはできない。従って，多変量解析の手法を用いて3変数以上を制御した場合の分析結果と，クロス表での分析結果との間には論理的な関係はない。言い換えれば，クロス表で得られた知見は，多変量解析によって得られた知見と一致することもあれば一致しないこともある。

多変量解析の手法について述べる前に，独立変数について説明する。生徒・教師区別のダミー変数では生徒をレファレンス・カテゴリーとし，性別のダミー変数では男性をレファレンス・カテゴリーとしている。性別は，高校生用の問1a，高校教師用の問25aにもとづいている。伝統維持に関する意識変数としては，高校生用の問18j，高校教師用の問11jをそのまま用いている。変数の値が大きいほど，伝統維持肯定の意識が高いことを示している。国家への従属性に関する意識変数としては，高校生用の問18g，高校教師用の問11gを，5段階の評価値を逆転させて用いている。変数の値が大きいほど，国家への従属を肯定する意識が高いことを示している。相手への心理的距離感を表す意識変数としては，高校生用の問8b，8d，高校教師用の問2a，2bからリッカート尺度を構成した。クロンバックのアルファは，0.68であった。この尺度の値が大きいほど，心理的距離感が大きい，つまり，回答者が相手を身近な存在とはみなしていないことを示している。ここで「相手」とは，回答者が高校生の場合には校則を行使する主体としての教師を意味しており，回答者が高校教師の場合には校則を行使する対象としての高校生を意味している。

多変量解析の分析手法であるが，ここでは2つの計量的モデルを用いる。1つは，最適尺度法（optimal scaling）によるカテゴリカル回帰分析（categorical regression analysis）であり，いま1つは線型回帰分析にもとづくパス解析である。周知の通り，パス解析における推定方法は，線型回帰分

析で用いられる最小自乗法（Ordinary Least Squares, OLS）である。これに対して，最適尺度法で用いられる推定方法は，交互最小自乗法（Alternating Least Squares, ALS）である（Young, De Leeuw, and Takane 1976）。調査票における4段階，もしくは5段階の回答は，厳密には連続変量というよりも順序属性を持つ変量としてとらえるべきである。最適尺度法は名義属性，順序属性を持つ変数を扱う上で有用な分析手法であるので今回の分析に用いることにした。ただし，この方法では通常の回帰分析と同様に直接効果だけが推定されるので，生徒・教師の区別が他の意識変数を通して校則意識に与える間接効果については推定することができない。そこで，この点を補うためにパス解析をあわせて行うことにした。

　多変量解析により計量分析を行う場合には，1つの分析手法，もしくは，計量モデルだけを用いて分析を行い結論を導くことが多い。しかしながら，このようなやり方の問題点は，望ましい結論を得るために恣意的に特定のモデルが選択された可能性を排除できないことである。そこで本章では，ALSとOLSという2つの異なる推定アルゴリズムを用いて分析を行い，それらの結果を比較することによって独立変数の従属変数への影響をより客観的に調べることを試みる。2つの推定アルゴリズムによる結果が一致する場合には，独立変数の影響をある程度の信頼性を持ってとらえられると考えることにする。もしも結果が一致しない場合には，推定アルゴリズムへの依存性が大きいわけであるから，独立変数の影響については判断を保留することとする。以上の方針にもとづき，カテゴリカル回帰分析の結果を表6-5に，パス解析の結果を図6-2に示す。

　表6-5と図6-2から明らかなように，生徒・教師の変数の回帰係数，パス係数の符号はともに正であり，またいずれの係数も有意である。従って，生徒と教師とを比較した場合には教師の方が校則擁護の傾向が強いことが分かる。教師の方が校則擁護の傾向が強いこと自体は多くの人にとって常識的であろうが，ここで知見として重要なのは，この傾向が伝統維持，国家への従属性，相手との心理的距離感などの他の意識変数を統計的に制

表6-5 校則意識に対する諸要因の影響力（高校生・高校教師比較）

独　立　変　数	内　　　容	ベータ係数
生徒・教師区別	1＝生徒，2＝教師	+0.495***
性別	1＝男性，2＝女性	+0.060***
伝統維持意識	値↑：伝統維持肯定	+0.144***
国家への従属性	値↑：従属性大	+0.131***
相手への心理的距離	値↑：心理的距離大	−0.128***

最適尺度法によるカテゴリカル回帰分析
N=2,612　　R^2=0.402***
*$p<0.05$　　**$p<0.01$　　***$p<0.001$

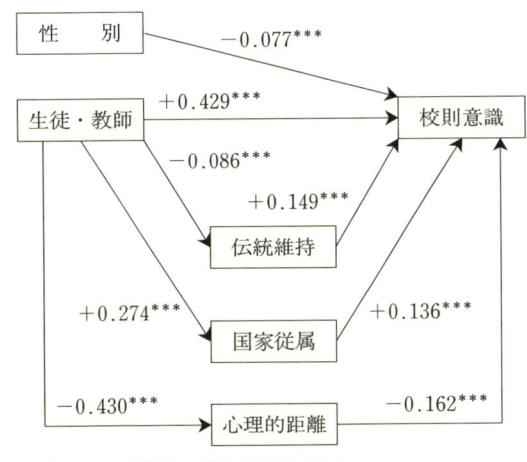

```
性　別 ──────────────────−0.077***──────→ 校則意識
生徒・教師 ──────+0.429***───────────────→
          ──−0.086***──→ 伝統維持 ──+0.149***──→
          ──+0.274***──→ 国家従属 ──+0.136***──→
          ──−0.430***──→ 心理的距離 ──−0.162***──→
```

注：パス係数は，標準化係数である。
*$p<0.05$　　**$p<0.01$　　***$p<0.001$

図6-2　校則意識に関するパス・ダイアグラム（高校生・高校教師比較）

御した状態で確認されたことである。言いかえれば，教師が持つ校則擁護の傾向を，他の意識変数における生徒・教師の意識の相異に単純に還元することは適切ではない。

　さらに，ここで示した回帰係数とパス係数はともに標準化係数であるから，その大きさを係数間で比較することによって，変数の持つ影響の程度を比較することができる。まず，回帰係数に関しては，生徒・教師の変数

の係数が0.495であるのに対して，他の独立変数の回帰係数の最大値は伝統維持意識の0.144である。パス係数に関しては，生徒・教師の変数の係数が0.429であるのに対して，校則意識に影響を与える変数の係数の最大値は心理的距離の-0.162である。このことから，生徒・教師の変数が校則意識に与える影響は，他の変数が校則意識に与える影響よりもはるかに大きいことが分かる。

　従って，高校教師の方が高校生よりも校則擁護に肯定的であるという表6-4のクロス表で見た傾向は，5つの独立変数を制御した多変量解析の2つのモデルのいずれによっても支持されている。クロス表の場合には独立変数は1つであるから，今回の多変量解析においては4つの独立変数を追加したわけである。独立変数を追加した場合に，生徒・教師の変数が校則意識におよぼす効果の一部は，当然他の独立変数の持つ効果に吸収される。しかし効果が吸収された後でも，生徒・教師の変数の効果は他のいかなる変数の効果よりも大きい。

　また，伝統維持，国家への従属性，相手との心理的距離感の変数が校則意識に与える影響の方向は，回帰係数とパス係数の符号に反映されているが，これらの符号は表6-5と図6-2とで整合性がとれており，すべて有意である。従って，伝統維持の傾向が強いほど校則擁護の傾向が強く，国家への従属の傾向が強いほどやはり校則擁護の傾向が強い。これは校則の擁護ということが，伝統の維持や権力への従属ということと少なくとも意識の上では同義にとらえられていることを示唆している。

　相手との心理的距離感に関しては，心理的距離感が大きいほど校則縮減の傾向が強い。逆に言えば，心理的距離感が小さいほど，つまり，相手を身近に感じているほど校則擁護の傾向が強い。これは，教師の場合には生徒を身近に感じているほど，生徒への校則の行使に対して肯定的であることを意味し，生徒の場合には教師を身近に感じているほど，教師からの校則の行使に対して肯定的であることを意味している。一般化した表現をとれば，規範の行使に関する主体と客体との間の心理的距離感が近いほど，

いずれの立場においても規範の行使に関して寛容的であるということになる。

　これは一種のパターナリズム的支配形態と考えられる。教師による校則の行使に関しては，生徒や親の人権に対するパターナリズム的干渉であるとする批判があるが（栃木県弁護士会 1996：34-35），今回の分析結果はこの点に関係している。パターナリズム，もしくは温情主義とは，言うまでもなく親子関係に擬せられた社会的支配関係のことである。日本においては家制度と結びついて，政治的支配や経営的支配などにおいてそれぞれ独自の形態を呈している。たとえば，日本的経営の特徴としてあげられる経営家族主義などはその一例である（間 1964）。このような形態とは対照的に，相手との心理的距離が大きい方が規範の行使を行いやすい，または受け入れやすいという考え方もある。これは，規範の行使に関する主体と客体との間の感情的要素が少ない方が，規範だけを念頭におけばよいのでかえって扱いやすいという考え方であり，一種の官僚的支配形態と考えられる。今回の調査データの分析結果を見る限り，校則による支配形態は官僚的ではなく，パターナリズム的であるということができる。なお，本章でパターナリズム的支配，官僚的支配という用語を使う場合には，あくまで支配者，被支配者の間の心理的距離を問題にしているのであり，Weber (1968) が論じたように支配の正当性が何に依拠しているのかを問題にしているわけではない。従って，本章での支配に関する用語の使い方は，Weber の使用法とは多少異なっていることをあらかじめ断っておく。

　次に問題なのは，性別の変数が校則意識におよぼす影響である。性別に関しては，カテゴリカル回帰分析とパス解析のいずれにおいても係数は有意であるが，その符号が異なっている。回帰係数によれば男性よりも女性の方が校則擁護の傾向が強いが，パス係数によればその逆である。このように，性別が校則意識に与える影響の方向に関しては，計量モデルへの依存性がきわめて大きいことが分かる。このことは，2つの計量モデルの間での論理的前提の差異によって，分析結果が大きく左右されることを意味

している。ここで，カテゴリカル回帰分析とパス解析との間の論理的前提の差異は，一方のモデルを排除しもう一方のモデルを採択するというほど明確な判断を下せるものではない。そこで，今回の分析においては性別の影響の方向については判断を保留し，あくまで明確な結論が出せないとするにとどめる。

4．高校生の校則意識——学校階層による相異——

本節では，高校生に対象を限定して，高校の学校階層上の地位，つまり，学校タイプによって校則意識がどのように異なるかを分析する。まず従属変数に関しては，前節と同様に高校生用の問10a，10b，10dからリッカート尺度を構成し，校則意識の変数とした。クロンバックのアルファは，0.56であった。通常用いられるアルファの基準値0.70（Bohrnstedt and Knoke 1988：384-385）と比べると低い値ではあるが，今回の分析においてはこの尺度を従属変数として用いる。リッカート尺度の構成においては，大きな値が校則擁護肯定の意識の高さに対応するように，問10a，10dの質問について4段階の評価値を逆転させて扱っている。

次に，学校階層上の地位について説明する。ここでは高校を職業科，普通科B，普通科Aに3分類し，順序属性を持つ独立変数（学校タイプ）として扱うこととした。ここで，普通科Aの方が普通科Bよりもいわゆる進学校として上位に位置している。この分類は，松原ほか（1980：26-28）による学校階層上の地位の3分類とほぼ同じ方式である。今回の調査対象となった高校は9校，高校生は2,117人であるが，職業科は3校458人，普通科Bは5校1,316人，普通科Aは2校343人であった。なお，9校の内の1校については普通科Bと職業科の両方のクラスを備えている。

分析に先立ち，全体的な傾向を見るために校則意識と学校タイプとのクロス表を表6-6に示す。従属変数に関連する各質問は4段階評価であるので，3つの質問からリッカート尺度として構成された校則意識の変数は，

第6章　高校生・高校教師の校則意識　　　　　　　　　　　163

表6-6　校則意識と学校タイプのクロス表　　（単位：人）

	校則縮減傾向	中　間　層	校則擁護傾向	合　　計
職　業　科	141 (31.1%)	284 (62.7%)	28 (6.2%)	453 (100.0%)
普通科B	406 (31.0%)	814 (62.2%)	89 (6.8%)	1,309 (100.0%)
普通科A	77 (22.6%)	216 (63.5%)	47 (13.8%)	340 (100.0%)
全　　体	624 (29.7%)	1,314 (62.5%)	164 (7.8%)	2,102 (100.0%)

　3から12までの値をとる。校則意識に関して3から12までのすべての値を示すのは煩雑になるので、3から5（校則縮減傾向）、6から9（中間層）、10から12（校則擁護傾向）の3つに分類している。表6-6から見る限り、職業科、普通科B、普通科Aのいずれにおいても6割以上の生徒が中間層に属しており、学校タイプによる校則意識の差はあまり明確ではない。しかしながら、すでに述べたとおりクロス表は2変数のみを制御した結果であり、3変数以上を同時に制御した場合の各変数の影響については、多変量解析を行う必要がある。

　なお、学校タイプは順序属性を持つ変数であるから、最適尺度法によるカテゴリカル回帰分析の変数としては問題はないがパス解析の変数としては不適切である。そこで、パス解析においては、各高校に関する入学難易度（偏差値）を学校階層上の地位を表す変数として用いることとした。カテゴリカル回帰分析、パス解析のいずれの場合にも、変数の値が大きくなるほど学校階層上の地位が高くなるように変数設定を行っている。

　多変量解析のための他の4つの独立変数の設定は、前節と同様である。性別のダミー変数では男性をレファレンス・カテゴリーとし、高校生用の問1aにもとづいている。伝統維持に関する意識変数としては、高校生用の問18jをそのまま用いている。変数の値が大きいほど、伝統維持肯定の意識が高いことを示している。国家への従属性に関する意識変数としては、高校生用の問18gを、5段階の評価値を逆転させて用いている。変数の値が大きいほど、国家への従属を肯定する意識が高いことを示している。教師への心理的距離感を表す意識変数としては、高校生用の問8b，

表6-7　校則意識に対する諸要因の影響力（高校生のみ）

独立変数	内容	ベータ係数
学校階層上地位（学校タイプ）	1＝職業科，2＝普通科B，3＝普通科A	+0.101***
性別	1＝男性，2＝女性	+0.083***
伝統維持意識	値↑：伝統維持肯定	+0.183***
国家への従属性	値↑：従属性大	+0.159***
教師への心理的距離	値↑：心理的距離大	−0.203***

最適尺度法によるカテゴリカル回帰分析
N＝2,084　　$R^2=0.134$***
*$p<0.05$　　**$p<0.01$　　***$p<0.001$

```
性　別 ─────────────−0.085***─────────────→ 校則意識
学校階層 ──+0.086***──→
         ──−0.034──→ 伝統維持 ──+0.169***──→
         ──+0.052*──→ 国家従属 ──+0.156***──→
         ──+0.006──→ 心理的距離 ──−0.194**──→
```

注：パス係数は，標準化係数である。
*$p<0.05$　　**$p<0.01$　　***$p<0.001$

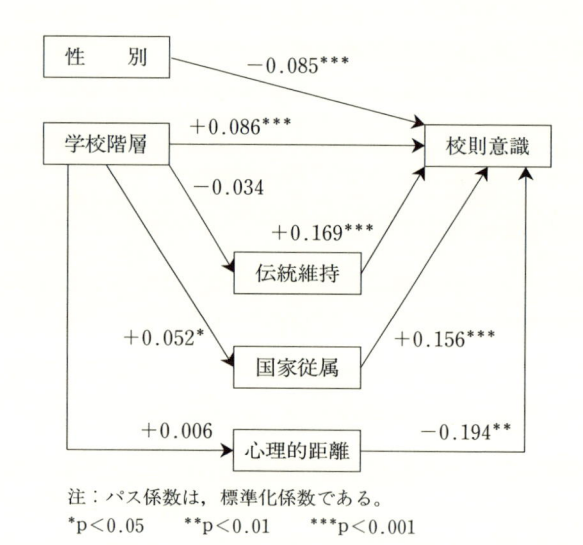

図6-3　校則意識に関するパス・ダイアグラム（高校生のみ）

8dからリッカート尺度を構成した。クロンバックのアルファは，0.61であった。この尺度の値が大きいほど，心理的距離感が大きい，つまり，高校生が高校教師を身近な存在とはみなしていないことを示している。

前節と同様に，分析においては2つの計量的モデルを用いる。最適尺度法によるカテゴリカル回帰分析の結果を表6-7に，パス解析の結果を図6-3に示す。

表6-7と図6-3から明らかなように，高校の学校階層上の地位に関する回帰係数，パス係数の符号はともに正であり，いずれも有意である。従って，高校の学校階層上の地位が高いほど，高校生は校則擁護の傾向が強いことが分かる。これは教育社会学における生徒文化研究に関する一般的知見，すなわち，学校階層上の地位が高いほど生徒が学校に適応的であるという知見（松原ほか 1980：33）に合致している。学校階層上の地位が高い高校とは，いわゆる著名な進学校である。そのような高校に属する学生は，有名大学への進学を重視するという既存の価値観を共有しているわけであるから，その目的を達成するために既存の学校規範である校則に対しても受容的であると考えられる。

すでに述べたとおり，ここで示した回帰係数とパス係数はともに標準化係数であるから，その大きさを係数間で比較することによって，変数の持つ影響の程度を比較することができる。学校階層上の地位に関する回帰係数は 0.101，パス係数は 0.086 であるが，他の変数の回帰係数，パス係数と比較するとあまり大きな値ではないことが分かる。表6-6のクロス表では学校タイプと校則意識との関係はさほど明確ではなかったが，5つの独立変数を制御した多変量解析の結果，学校タイプが校則意識に対して影響を与えていることが明らかになった。ただし，この影響の程度は他の変数と比較した場合には相対的にさほど大きなものではない。言い換えれば，独立変数を追加した際に，学校タイプが校則意識におよぼす効果の内のかなりの部分が，他の意識変数の効果に吸収されてしまったわけである。

伝統維持，国家への従属性，教師との心理的距離感の変数が校則意識に与える影響については，前節と同様に表6-7と図6-3とで整合性がとれており，すべて有意である。従って，伝統維持の傾向が強いほど校則擁護の傾向が強く，国家への従属の傾向が強いほどやはり校則擁護の傾向が強い。また教師との心理的距離感に関しては，教師を身近に感じている高校生ほど校則擁護の傾向が強く，一種のパターナリズム的支配形態を受け入れていると考えられる。これらの関係性は，前節において見た結果と合致

している。また，性別が校則意識におよぼす影響についても，前節と同様の問題が見られる。すなわちカテゴリカル回帰分析とパス解析のいずれにおいても係数は有意であるが，その符号が異なっている。ただし，回帰係数の符号は前節と同様に正であり，パス係数の符号も前節と同様に負である。従って，モデル間では係数の符号が一致していないが，各モデルごとには係数の符号にそれなりの一貫性が見られる。このことは，性別変数の影響の方向性が，特定の計量モデルに規則的に依存していることを示唆している。

2節で述べたとおり，高校生は校則，および，国家のいずれに対しても従属関係にある。国家への従属性と校則意識との間の回帰係数，パス係数はいずれも正の符号で有意であるから，高校生の意識においては校則への従属と国家への従属とはある程度同列の存在であると考えられる。また，学校階層上の地位と国家への従属性との間のパス係数も正の符号で有意であるから，学校階層上の地位が高いほど国家に対して従属的な傾向が強いことが分かる。

5．高校教師の校則意識──非管理職・管理職による相異──

本節では，高校教師に対象を限定して，非管理職・管理職の属性によって校則意識がどのように異なるかを分析する。まず従属変数に関しては，高校教師用の問4a，4b，4c，4dからリッカート尺度を構成し，校則意識の変数とした。高校教師用の質問は，高校生用の質問とは多少異なっている。ここでの従属変数の設定では，高校教師特有の質問項目である問4cを含めているので，第3節と第4節での設定とは完全に同じではない。クロンバックのアルファは，0.65であった。リッカート尺度の構成においては，大きな値が校則擁護肯定の意識の高さに対応するように，問4a，4dの質問について4段階の評価値を逆転させて扱っている。

次に，非管理職と管理職との区別について述べる。今回の調査対象と

第6章　高校生・高校教師の校則意識

表6-8　非管理職志向と管理職志向の分類
(単位：人)

	非管理職	管理職	合計
非管理職志向	394	0	394
管理職志向	94	37	131
合計	488	37	525

なった高校教師は551人であるが，その内訳は非管理職514人（93.3％），管理職37人（6.7％）である。管理職とは，県立高校の場合には校長，教頭，総括教頭などの職位にある教員を指すが，私立高校の場合には多少名称が異なっており校長，副校長，校長代理，教頭などを指す。ここで非管理職と管理職を直接比較することは，2つの点で好ましくない。1つには管理職の割合が非管理職に対して明らかに少なすぎるからである。2つ目の問題点は，非管理職の中にも管理職になることを望む教員とそうでない教員とが混在していることである。これらの点を考慮して，今回の分析では非管理職の教員を，「あなたは管理職につきたいと思いますか」という教師用の問24（4段階評価）に対する回答にもとづいて2つに分類した。さらに，管理職の教員と，管理職を希望する非管理職の教員とを合わせて「管理職志向」のグループとし，管理職を希望しない非管理職の教員を「非管理職志向」のグループとして定義し，これら2つのグループの間で意識の比較分析を行うこととした。各グループの人数は，表6-8に示す通りである。なお，表6-8において非管理職の教員の合計が514人ではなく488人となっているのは，問24に対する未記入のケース26個を除いているからである。また，厳密には，管理職の中にも非管理職志向の教員がいる可能性はあるが，今回はこの点は考慮に入れていない。

　分析に先立ち，全体的な傾向を見るために校則意識と非管理職志向・管理職志向とのクロス表を表6-9に示す。従属変数に関連する各質問は4段階評価であるので，4つの質問からリッカート尺度として構成された校則意識の変数は，4から16までの値をとる。校則意識に関して4から16

表6-9　校則意識と非管理職志向・管理職志向のクロス表

(単位：人)

	校則縮減傾向	中間層	校則擁護傾向	合計
非管理職志向	9 (2.3%)	200 (51.0%)	183 (46.7%)	392 (100.0%)
管理職志向	1 (0.8%)	48 (36.9%)	81 (62.3%)	130 (100.0%)
全体	10 (1.9%)	248 (47.5%)	264 (50.6%)	522 (100.0%)

までのすべての値を示すのは煩雑になるので，4から7（校則縮減傾向），8から12（中間層），13から16（校則擁護傾向）の3つに分類している。表6-9から見る限り，校則縮減傾向を示す高校教師の割合は，非管理職志向，管理職志向のいずれのグループに関しても低い。非管理職志向の教員では，中間層に5割以上が属しているのに対して，管理職志向の教員では6割以上が校則擁護傾向に属しており，管理職志向の教員の方が校則擁護に肯定的であることを示唆している。すでに述べたとおり，クロス表は2変数のみを制御した結果であり，3変数以上を同時に制御した場合の各変数の影響については，多変量解析を行う必要がある。

多変量解析のための独立変数はあと6個あるが，その内の4つの設定は，第3節・第4節と同様である。性別のダミー変数では男性をレファレンス・カテゴリーとし，高校教師用の問25aにもとづいている。伝統維持に関する意識変数としては，高校教師用の問11jをそのまま用いている。変数の値が大きいほど，伝統維持肯定の意識が高いことを示している。国家への従属性に関する意識変数としては，高校教師用の問11gを，5段階の評価値を逆転させて用いている。変数の値が大きいほど，国家への従属を肯定する意識が高いことを示している。生徒への心理的距離感を表す意識変数としては，高校教師用の問2a，2bからリッカート尺度を構成した。クロンバックのアルファは，0.57であった。通常用いられるアルファの基準値0.70（Bohrnstedt and Knoke 1988：384-385）と比べると低い値ではあるが，今回の分析においてはこの尺度を独立変数として用いる。この尺度の値が大きいほど，心理的距離感が大きい，つまり高校教師が高

校生を身近な存在とはみなしていないことを示している。

　高校教師の分析においては，さらに2つの独立変数を設定しているが，これらはともに高校教師に特有の質問に依拠している。1つは教職歴であり，高校教師用の問25cにもとづいている。この変数の値が大きいほど，教職歴が長いことを示している。ただしこの質問では，教職歴をその長さに応じて6つのカテゴリーに分けて回答を設定している。この変数は順序属性を持つから，最適尺度法によるカテゴリカル回帰分析の変数としては問題はないが，パス解析の変数としては不適切である。そこで，パス解析の変数としては各カテゴリーの中央値の値を教職年数として用いることとする。

　2つめは，校則に対して実質合理性を付与する意識である。これは，高校教師用の問20cを，5段階の評価値を逆転させて用いたものである。この変数の値が大きいほど，校則を守ることが良い成績につながるという意識が強いことを示している。これは，単に校則は校則だから守るべきであるという形式重視の考え方に対して，規律としての校則を守る態度は実際に勉学への充実につながる，という実質重視の考え方と見ることができる。この2つの考え方は，Mannheim（1940）が提唱した機能合理性と実質合理性の概念に対応していると考えられる。実質合理性という用語は，Weber（1968）も形式合理性に対する概念として用いているが，本章での使い方はWeberよりはむしろMannheimに近い。

　前節と同様に，分析においては2つの計量的モデルを用いる。最適尺度法によるカテゴリカル回帰分析の結果を表6-10に，パス解析の結果を図6-4に示す。

　表6-10と図6-4から明らかなように，非管理職・管理職志向に関する回帰係数，パス係数の符号はともに正であり，いずれも有意である。従って，非管理職志向の教員に比べて管理職志向の教員の方が，校則擁護の傾向が強いことが分かる。管理職志向の教員の方が校則擁護の傾向が強いこと自体は多くの人にとって常識的かも知れないが，ここで知見として重要

表 6-10 校則意識に対する諸要因の影響力（高校教師のみ）

独立変数	内容	ベータ係数
非管理職・管理職志向	1＝非管理職志向, 2＝管理職志向	+0.156***
性別	1＝男性, 2＝女性	+0.008
伝統維持意識	値↑：伝統維持肯定	+0.325***
国家への従属性	値↑：従属性大	+0.090**
生徒への心理的距離	値↑：心理的距離大	−0.025
校則の実質合理性意識	値↑：実質合理性大	+0.149***
教職歴	値↑：教職歴長	−0.057

最適尺度法によるカテゴリカル回帰分析
N＝501　　R^2＝0.183***
*p＜0.05　　**p＜0.01　　***p＜0.001

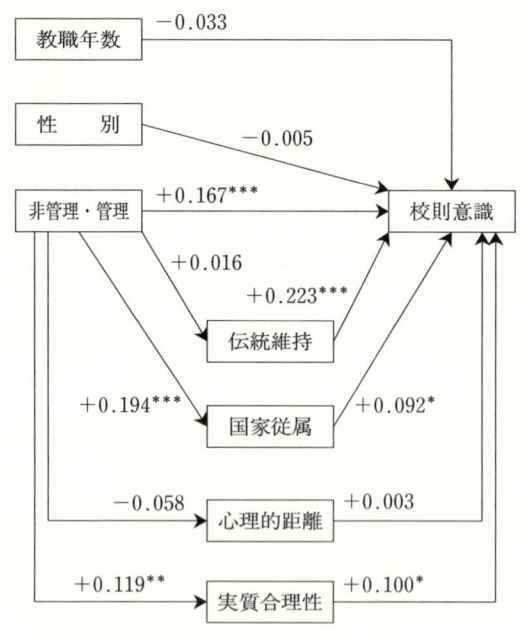

注：パス係数は，標準化係数である。
*p＜0.05　　**p＜0.01　　***p＜0.001

図 6-4　校則意識に関するパス・ダイアグラム（高校教師のみ）

なのは，この傾向が伝統維持，国家への従属性，生徒との心理的距離感，さらには，校則に対して実質合理性を付与する傾向などの他の意識変数を統計的に制御した状態で確認されたことである。言いかえれば，管理職志向の教員が持つ校則擁護の傾向を，他の意識変数における非管理職志向・管理職志向の意識の相異に単純に還元することは適切ではない。

すでに述べたとおり，ここで示した回帰係数とパス係数はともに標準化係数であるから，その大きさを係数間で比較することによって，変数の持つ影響の程度を比較することができる。まず，回帰係数に関しては，非管理職・管理職志向の変数の係数は 0.156 であり，この値は伝統維持意識の係数 0.325 の次に大きい値である。パス係数に関しても，非管理職・管理職志向の変数の係数は 0.167 であり，校則意識に影響を与える変数の係数としては伝統維持の 0.223 の次に大きい値である。このことから，非管理職・管理職志向の変数が校則意識に与える影響は，重要度が高いことが分かる。

従って，管理職志向の教員の方が校則擁護に肯定的であるという表 6-9 のクロス表で見た傾向は，7 つの独立変数を制御した多変量解析の 2 つのモデルのいずれによっても支持されている。回帰係数，パス係数のいずれに関しても，標準化係数の値が最大であるのは伝統維持の変数である。言い換えれば，独立変数を追加した際に，非管理職・管理職志向の変数が校則意識におよぼす効果のかなりの部分は，伝統維持の変数の持つ効果に吸収されたことになる。しかし効果が吸収された後でも，非管理職・管理職志向の変数の効果は，伝統維持以外の変数の効果よりは大きい。

教育社会学の分野においても，非管理職と管理職との間の意識の比較分析は，校則問題に限らず実際にはほとんど行われていない。たとえば，松原ほか（1980：22-23）においては管理職を含む教師に対してインタビュー調査を実施しているが，非管理職と管理職との比較は行っていない。もちろん教員文化の研究はこれまでにいくつかなされているが（永井 1977, 1988；油布 1990, 1991, 1992），いずれも非管理職を対象としたものであり，

非管理職と管理職との間の意識の相異などについてデータにもとづいて分析がされているわけではない。

伝統維持，国家への従属性の変数が校則意識に与える影響については，前節と同様に表6-10と図6-4とで整合性がとれており，すべて有意である。また，高校教師に特有の独立変数として設定した実質合理性の変数も同様の特徴を示している。従って，伝統維持の傾向が強いほど校則擁護の傾向が強く，国家への従属の傾向が強いほど校則擁護の傾向が強く，校則に実質合理性を付与する傾向が強いほど校則擁護の傾向が強い。校則に実質合理性を付与することは，校則に従う勤勉さが学業成果にも反映するという意味で，校則に実質的価値を認めることに他ならない。従って，この傾向が校則擁護に結びつくこと自体はきわめて自然である。また，非管理職・管理職志向の変数と実質合理性の変数との間のパス係数は有意で符号が正であるから，管理職志向の教員の方が校則に実質合理性を付与する傾向が強いことが分かる。非管理職志向の教員に比べると，管理職志向の教員の方が一般に管理という概念をより強く正当化しようとするはずである。校則は管理主義教育の手段であるから，ここでの分析結果は管理職志向の教員が管理主義教育を正当化しようとする傾向を反映していると考えられる。ただし，分析の結果見られた「校則に実質合理性を付与する」傾向が，果たして「校則に実質的価値があると信じている」からなのか，それとも，「校則に実質的価値があると信じたい，信じざるを得ない」からなのかはこの調査データからは判別ができない。これはすべての意識調査に共通の問題であるが，調査データが回答者の意識を直接反映しているのか，それとも，回答者の意識の心理的投影（projection）の結果であるのかは判別することができない。たとえば，管理職志向の教員が実は校則は無意味だと思っていたとしても，管理職として成功するためには校則に実質的意味があるとして正当化しなくてはならないので，結果として校則に実質合理性が付与される回答が得られた可能性もある。これは，自我の防衛機能としての投影（Hall 1979 : 89-91）の典型的な例である。

第6章 高校生・高校教師の校則意識

　教職歴については, 2つのモデルともに係数は負であるが, いずれの場合も有意ではない。また, 性別, 生徒との心理的距離感の2つの変数については, 2つのモデルの間で係数の符号が異なっているが, いずれの場合も有意ではない。性別に関しては, カテゴリカル回帰分析の場合は係数が正であり, パス解析の場合には係数が負であり, モデルごとの符号は前節までの結果と同様一貫している。心理的距離感については, 2つのモデルの間で符号が異なり, いずれの場合にも有意ではないので, 高校教師においてはその影響が明確には認められないと判断する。このことは, 3節で述べたパターナリズム的支配形態が, 高校教師の意識においては必ずしも成り立っていないことを意味している。

　2節で述べたとおり, 教員は国家に対しては従属的な立場にあるが, 生徒に対しては校則を行使する立場にある。国家への従属性と校則意識との間の回帰係数, パス係数はともに正の符号で有意であるから, 高校教師全般の傾向として国家に従属的な教員ほど校則の擁護に肯定的であることが分かる。次に, 非管理職志向・管理職志向の変数と国家への従属性との間のパス係数が正の符号で有意であることから, 管理職志向の教員の方が国家に対して従属的であることが分かる。また, 非管理職志向・管理職志向の変数と校則意識との間の回帰係数, パス係数はともに正で有意であるから, 管理職志向の教員の方が校則維持に関して肯定的であることが分かる。

　従って, 国家に従属的であるほど校則の擁護に肯定的であるということ自体は, 高校教員全般に見られる傾向であるが, 非管理職志向と管理職志向とを比較すると, 管理職志向の教員の方が非管理職志向の教員よりも国家への従属性, 校則の擁護のいずれに関してもより肯定的である。このことは, 管理職志向の教員の方が権威への追従, 権威の行使の両面において, より権威主義的であることを示している。この1つの理由として, 管理職志向の教員が校則を通して自分たちの権威をより効果的に行使するための手段として, 国家への従属をとらえていると考えることができる。言うまでもなく, 管理職の立場にある者が管理行為を遂行できるのは, 必要な権

威・権力が管理職の職位に対して制度的に付与されており，管理される側もそれを認めているからである。従って，自分自身の権威・権力が上位から制度的に確実に付与されるように，上位の権威・権力に迎合的になることは1つの合理的判断であると考えられる。

6．まとめ

　本章では実証主義的な枠組みにもとづいて，高校生と高校教師が校則に関してどのような規範意識を持っているかを調査データの計量分析をとおして考察した。計量分析においては，異なる推定アルゴリズムにもとづく2種類の多変量解析の手法を用いた。まず高校生と高校教師の比較においては，性別，および，伝統維持，国家への従属性，相手への心理的距離などの意識変数を統計的に制御した上で，教師の方が生徒よりも校則擁護に肯定的であるという結果が得られた。次に，高校生に対象を限定した場合には，これらの性別変数，意識変数を制御した上で，高校の学校階層上の地位が高いほど校則擁護に肯定的であるという結果が得られた。そして，高校教師に対象を限定した場合には，性別変数，前述の3つの意識変数，実質合理性の意識変数，教職歴を制御した上で，管理職志向の教員の方が非管理職志向の教員よりも校則擁護に肯定的であるという結果が得られた。

　ただし，高校生・教師，学校階層上地位，非管理職・管理職志向の各変数が，他の変数と比較して校則意識にどれほどの効果を持つかはそれぞれの場合で異なっている。高校生・教師の効果については，他の変数の効果に吸収された分が小さく，結果として5変数の中で最大の効果を示している。学校階層上地位は，逆に他の変数の効果に吸収された分が大きく，結果として5変数の中で4番目である。非管理職・管理職は，他の変数の効果に吸収された分が比較的小さく，結果として7変数の中で2番目である。

　すでに述べたとおり，高校生と高校教師の区別，学校階層上の地位の差，非管理職志向と管理職志向の区別などの属性変数が校則意識に対して持つ

効果について考える場合，これらを単純に他の意識変数の効果に還元することは以上の分析結果から正しくない。端的に言えば，他の意識変数を独立変数として制御しても，それらの変数の効果に吸収されない属性変数の効果が残るからである。それでは，他の意識変数の効果に還元することができない，あるいは，他の意識変数の効果に吸収されずに残る，これら属性変数の本質とは一体何かが問題となる。残念ながら，この問題に対する解答はここで行った多変量解析によっては与えられない。この問題については，前提の置き方によって2つの対処が可能と思われる。まず，これらの属性変数も究極的にはいくつかの意識変数に還元されうるという前提をおくならば，ここで行った多変量解析には制御すべき意識変数が不足していることになり，どのような意識変数を加えるかが課題となる。この場合には問題の性質は実証的であり，具体的な意識変数の設定を行うことになる。これに対して，これらの属性変数は本質的に意識変数には還元することができないという前提をおくならば，還元できない部分はどのような性質を持つのかを明確にすることが課題となる。この場合には問題の性質は論理的であり，属性変数と意識変数との相違を観念的に吟味することになる。

次に，高校生・教師の比較分析，高校生のみの分析，高校教師のみの分析のいずれにおいても，伝統維持と国家への従属性の2つの変数が校則意識に与える影響は一貫しており規則性が見られた。回答者は伝統維持に肯定的であるほど校則擁護に肯定的であり，また国家への従属性に寛容であるほど校則擁護に肯定的であることが分かった。このことは，高校生，高校教師のいずれにおいても，校則の擁護ということと，伝統の維持や国家権力への従属ということがある程度同義にとらえられていることを示唆している。高校生にとっては，国家は校則よりも上位の権力を表しているわけであり，ここでの分析結果は，上位の権力に従属的であるほど下位の権力にも従属的であるという傾向を示していることになる。一方，高校教師は国家には従属する立場にあるが校則は行使する立場にあり，ここでの分

析結果は，上位の権力に従属的であることによって，自らの権力行使をより効果的にしようという傾向と考えられる。

相手との心理的距離が校則意識に与える影響に関しては，高校生と高校教師の比較分析，および，高校生のみの分析においてはいずれも有意であり，係数の符号も一致していた。結果として，相手を身近に感じているほど校則擁護に肯定的であるという傾向が認められた。しかし，分析対象を高校教師に限定し，高校教師特有の独立変数を追加した場合には，係数には有意性が見られず，計量モデルによって係数の符号が異なっていた。すでに述べたとおり，校則を支配形態と見なす場合，生徒と教師との心理的距離が校則意識に与える影響に応じて，パターナリズム的支配形態と官僚的支配形態の2つの形態を考えることができる。今回の分析結果では，高校生はパターナリズム的支配形態に対して受容的であるが，高校教師の意識はいずれの支配形態にも明確には分類されないと判断するのが妥当である。第3節で述べたとおり，校則の行使を教師の生徒に対するパターナリズム的干渉であるとする批判があるが（栃木県弁護士会 1996：34-35），今回の高校教師の調査データからはこの点は確認ができなかったことになる。

性別変数に関しては，全体をとおしてカテゴリカル回帰分析の係数の符号は一貫して正であり，パス解析の符号は一貫して負であった。これは，性別変数の影響は特定の計量モデルに規則的に依存していることを意味している。この理由により，性別が校則意識に与える影響に関しては今回の分析においては残念ながら判断を避けることとした。

[文献]

Bohrnstedt, George W, and David Knoke, 1988, *Statistics for Social Data Analysis,* 2nd ed., Itasca, IL: F. E. Peacock Publishers.
Hall, Calvin S, 1979, *A Primer of Freudian Psychology,* New York, NY: Mentor.
はやしたけし，1987,『ふざけるな！校則』駒草出版.
間宏，1964,『日本労務管理史研究：経営家族主義の形成と展開』ダイヤモンド社.
池田豊應・諏訪耕一編，1991,『校則改定に挑んだ子どもたち』黎明書房.

石飛和彦, 1994,「校則現象把握における規範的パラダイムと解釈的パラダイム」『教育・社会・文化』京都大学教育学部教育社会学研究室, 1：35-54.
Mannheim, Karl, 1940, *Man and Society in an Age of Reconstruction: Studies in Modern Social Structure,* translated by Edward Shils, London: Routledge and Kegan Paul.
松原治郎・武内清・岩木秀夫・渡部真・耳塚寛明・苅谷剛彦・樋田大二郎・吉本圭一・河上婦志子, 1980,「高校生の生徒文化と学校経営(1)」『東京大学教育学部紀要』20：21-57.
耳塚寛明, 1982,「学校組織と生徒文化・進路形成——『高校生の生徒文化と学校経営』調査から——」『教育社会学研究』37：34-46.
永井聖二, 1977,「日本の教員文化——教員の職業的社会化研究(I)——」『教育社会学研究』32：93-103.
————, 1988,「教師専門職論再考——学校組織と教師文化の特性との関連から——」43：45-55.
日本弁護士連合会第28回人権擁護大会シンポジウム第1分科会実行委員会, 1985,『第28回人権擁護大会シンポジウム第1分科会貴重報告書 学校生活と子どもの人権——校則, 体罰, 警察への依存をめぐって——』.
尾山宏・高野範城編, 1986,『子どもの人権と管理教育』あけび書房.
高野桂一, 1976,『学校経営の科学化を志向する 学校内部規定の研究』明治図書出版.
————, 1982,『学校経営』協同出版.
栃木県弁護士会, 1996,『校則と子どもの権利』随想舎.
Weber, Max, 1968, *Economy and Society,* edited by Guenther Roth and Claus Wittich, Berkeley, CA: University of California Press.
Wilson, Thomas P, 1971, "Normative and Interpretive Paradigms in Sociology," Jack D. Douglas ed., *Understanding Everyday Life: Toward the Reconstruction of Sociological Knowledge,* London: Routledge and Kegan Paul, 57-79.
Young, F.W., J. De Leeuw, and Y. Takane, 1976, "Regression with Qualitative and Quantitative Variables: An Alternating Least Squares Method with Optimal Scaling Features," *Psychometrika,* 41：505-528.
油布佐和子, 1990,「教員集団に関する社会学的考察」『福岡教育大学紀要』第39号第4分冊, 145-155.
————, 1991,「現代教師の Privatization」『福岡教育大学紀要』第40号第4分冊, 175-191.
————, 1992,「現代教師の Privatization(2)」『福岡教育大学紀要』第41号第4分冊, 219-233.

付録1　高校生用調査票

高校生の生活と価値観に関する調査

「現代日本人の規範意識」研究会
研究代表者　友枝　敏雄（九州大学教授）
実　施　　2001（平成13）年10月～11月

お願い

　このアンケートは、高校生であるみなさんが、現在どのような生活をし、将来をどのように展望しているかをお聞きするものです。

　この調査は、みなさんひとりひとりがどのような人で、どのような考え方を持っているかを調べるものではありません。みなさんの回答をコンピュータに入れて総合的に集計・分析し、わが国の高校生にみられる全般的な傾向を明らかにすることが、この調査の目的です。

　私たちの研究会は、この調査の結果をもとに、学校や社会のあり方など、高校生を取りまく状況が少しでもよくなる方法を、さまざまな人びとと一緒に考えていこうとしています。質問の中には、答えたくないようなものもあるかもしれません。しかし、そのような質問も、高校生をとりまく問題を正しくとらえるために、どうしても必要なものです。この点をご理解くださり、みなさんの素直な考えを教えていただきますよう、お願いいたします。

　この調査は、回答者のプライバシーの保護にはじゅうぶん注意しています。記入が終わったアンケート用紙は封筒に入れて提出してもらいますので、高校の先生がみなさんの回答を見ることはありません。集計に際しては、封筒の順番をよくかき混ぜた上で開封します。ですから、どの封筒が誰のものなのかを調べることはできませんし、回答した内容があなたの学校やご家庭で問題となることは絶対にありません。安心して、ありのままの気持ちや意見を書いてください。

アンケートへの答え方

　各質問に対して、あてはまる番号に○印をつけていってください。
　回答例　質問：あなたは車が好きですか……①．は　い　2．いいえ

　問1から順番にすべての質問に答えていってください。ただ、一部、あなたの答えや性別によって、次に答える質問が変わる場合があります。その場合はアンケート用紙の指示にしたがって進んでください。

　なお、選択肢の中で「その他」に○をつけた場合には、（　　）の中にその内容をできるだけくわしく書くようにしてください。

アンケートの提出について

　記入を終えたアンケートは、いっしょに配られた封筒に入れ、のりづけした上で提出してください。封筒やアンケート用紙に、氏名やクラス名などを書く必要はありません。

集計者記入欄（ここには何も書かないでください）

問1 はじめに、**あなた自身のこと**について少しお聞きします。次の中から**1つずつ**選んで○印をつけてください。

		無回答
a．あなたの性別	1．男 性 48.4　　2．女 性 51.6	0.0
b．いま所属しているクラス（理系か文系かなど）	1．理系クラス　　2．文系クラス　　3．就職クラス 　　28.0　　　　　　　36.6　　　　　　　11.7 4．まだ決まっていない　12.1 5．その他（具体的に　　　　　　　　　）10.8	0.8

問2 あなたは**高校卒業後の進路**をどのようにしたいと考えていますか。次の中から**1つ**選んで○印をつけてください。

```
1．大学の理科系学部に進学する      23.9
2．大学の文科系学部に進学する      31.6
3．短期大学に進学する              3.7
4．専門学校・各種学校に進学する    12.6
5．就職する                        11.8
6．これからの成績しだいで決める     5.8
7．まだ決めていない                 8.8
8．その他（具体的に       ）        1.3

  無 回 答                          0.4
```

問3 あなたは**将来どのような職業**につきたいですか。次の中から**1つ**選んで○印をつけてください。

```
1．農業・林業・漁業  0.7
2．ブティックなど小売店の店主や店員、またはセールスマンなど販売に従事する職業  3.4
3．理容師や美容師、コック、ホームヘルパーやスチュワーデスなどのサービスに従事する職業
                                                                              8.7
4．自動車整備や電気工事、大工など技能的職業、
   あるいは工場で自動車や電気製品などを作る工程に関わる職業  7.0
5．運転手、船長、パイロットなど運輸に携わる職業、
   あるいは無線を用いて通信作業に従事する職業  0.8
6．会社の事務職（OL、商社員など）  4.4
7．公務員の事務職  4.7
8．自衛官、警察官、消防員、ガードマンなどの保安や警備に関わる職業  2.7
9．議員、官公庁の課長以上、または経営者や重役などの管理的職業  1.4
10．医師、薬剤師、弁護士、研究者、税理士など  11.6
11．教師、記者、アナウンサー、プログラマー、技術者、作家、コピーライターなど  14.2
12．看護婦、歯科衛生士、栄養士、カウンセラー、保母、デザイナーなど  16.2
13．歌手やタレント、スポーツ選手など  4.5
14．その他（具体的に                                              ）2.7
15．考えていない  5.7
16．わからない  10.6

    無 回 答  0.8
```

付録1　高校生用調査票

問4　あなたの友だちについて少しお聞きします。次の中から**1つずつ選んで〇印**をつけてください。
　a．あなたには、**友だちと呼べる人**が何人くらいいますか。

1．1人	2．2〜3人	3．4〜5人	4．6〜9人	5．10人以上	6．特にいない	無回答
0.3	2.6	8.9	13.4	73.1	1.2	0.5

　b．友だちの中で、**異性の友だち（恋人として交際している人を含む）**は何人くらいいますか。

1．1人	2．2〜3人	3．4〜5人	4．6〜9人	5．10人以上	6．特にいない	無回答
2.8	15.6	15.2	11.1	27.2	27.1	1.0

問5　あなたはふだん、**友だちやクラスメイトとどのようなつきあい方**をしていますか。あてはまる番号を1つずつ選んで〇印をつけてください。

	そうしている	どちらかといえばそうしている	どちらかといえばそうしていない	そうしていない	無回答
a．友だちとの関係は、わりとあっさりとしている	1　17.8	2　47.4	3　25.0	4　9.0	0.8
b．友だちと意見が異なっていても、態度や表情にあらわさないようにしている	1　12.5	2　37.5	3　33.8	4　15.7	0.6
c．クラスのリーダーとなって苦労するより、他の人にしたがう方だ	1　20.6	2　47.0	3　22.5	4　9.1	0.9
d．友だちには、自分の欠点や悩みを気づかれないようにしている	1　14.3	2　31.9	3　32.8	4　20.2	0.8
e．同じクラスの人が何か困っている時には、力になってやりたいと相談に乗ってあげる	1　30.3	2　46.0	3　18.7	4　4.6	0.4

問6　**友だちとの関係**についてお聞きします。あなたの気持ちにもっとも近い番号を1つずつ選んで〇印をつけてください。

(1) **一般的にいって**、次にあげることを**どう思いますか**。

	悪い	しかたがない場合もある	悪いことではない	無回答
a．交わした約束を何も言わずにすっぽかす	1　83.8	2　15.4	3　0.3	0.4
b．友だちと話が盛り上がっているのに、その場のふんいきを台無しにするようなことをする	1　51.7	2　44.6	3　3.4	0.4
c．友だちの気持ちを察しようとしない	1　65.8	2　31.4	3　2.3	0.4

(2) では、次にあげることを**実際にあなたが友だちにされた場合**、どう思いますか。

	頭に来る	しかたがない場合もある	何とも思わない	無回答
a．交わした約束を何も言わずにすっぽかされる	1　70.7	2　28.2	3　0.7	0.5
b．話が盛り上がっているのに、その場のふんいきを台無しにするようなことをされる	1　38.1	2　53.7	3　7.8	0.5
c．自分の気持ちを察しようとしない	1　35.5	2　55.6	3　8.5	0.5

(3) では、次にあげることを**実際に自分がした場合、どう思いますか。**

	悪いと思う	しかたがない場合もある	悪いとは思わない	無回答
a．友だちとの約束を何も言わずにすっぽかした	1　93.2	2　5.9	3　0.4	0.4
b．友だちに対し、話が盛り上がっているのに、その場のふんいきを台無しにするようなことをした	1　74.8	2　22.7	3　2.1	0.4
c．友だちの気持ちを察しようとしなかった	1　78.9	2　18.8	3　1.7	0.6
d．おもしろくない授業や、気に入らない先生の授業をさぼった。	1　51.1	2　32.1	3　16.4	0.5

問7 これまで「友だち」という言葉を用いていくつか質問してきましたが、あなたが考える**「友だち」**とはどのような人ですか。あてはまる番号に**1つずつ**○印をつけてください。

	あてはまる	ややあてはまる	あまりあてはまらない	あてはまらない	無回答
a．クラスメイト	1　26.5	2　43.0	3　21.4	4　8.6	0.4
b．日頃、自分が話をする人	1　66.8	2　27.8	3　3.6	4　1.2	0.6
c．携帯電話やインターネットでメールを交換する人	1　24.2	2　31.6	3　26.4	4　17.0	0.9
d．顔見知りの人	1　10.7	2　29.0	3　39.4	4　20.2	0.7
e．よくいっしょに遊ぶ人	1　88.0	2　9.3	3　1.4	4　0.8	0.5
f．悩み事を相談できる人	1　89.2	2　7.0	3　2.1	4　1.3	0.4

問8 **学校の先生**についてお聞きします。あなたの考えやおこないにもっとも近い番号を**1つずつ**選んで○印をつけてください。

	そう思う	どちらかといえばそう思う	どちらかといえばそう思わない	そう思わない	無回答
a．先生と意見が異なっていても、態度や表情にあらわさないようにしている	1　16.4	2　38.9	3　29.5	4　14.8	0.5
b．学校の先生とは、ふだん気軽に話ができる関係だ	1　11.8	2　31.5	3　33.7	4　22.6	0.5
c．一般的にいって、学校の先生には敬意をはらうべきだ	1　28.0	2　43.2	3　16.4	4　11.6	0.8
d．学校の先生とは、授業のとき以外にも、いろいろと話をしてみたい	1　17.8	2　30.5	3　29.0	4　22.2	0.5
e．自分は先生から期待されている	1　3.2	2　14.8	3　33.0	4　48.2	0.8

問9 **高校生活**についてお聞きします。あてはまる番号に**1つずつ**○印をつけてください。

(1) あなたは、次にあげるような**気持ち**になることがありますか

	よくある	ときどきある	あまりない	ほとんどない	無回答
a．授業に充実感がある	1　6.0	2　45.3	3　32.3	4　16.2	0.3
b．授業をサボったり、学校を休みたくなることがある	1　33.1	2　42.0	3　14.1	4　10.4	0.3
c．他の学校へ転校したいと思うことがある	1　13.1	2　19.8	3　21.7	4　45.0	0.3

付録1　高校生用調査票

(2) あなたは、次のようなおこないを**すること**がありますか。

	よくする	ときどきする	あまりしない	ほとんどしない	無回答
a．授業中におしゃべりする	1	2	3	4	
	24.7	45.4	18.9	10.7	0.3
b．学校に遅刻する	1	2	3	4	
	12.1	18.4	14.6	54.4	0.4
c．学校での仕事（掃除当番や係など）をサボる	1	2	3	4	
	11.4	26.0	28.6	33.6	0.4
d．集団で誰かの陰口をたたいたり、無視したりする	1	2	3	4	
	3.4	20.9	35.8	39.4	0.4

(3) それでは、(2)であげたことをあなたは**どう思いますか**。

	悪い	やや悪い	あまり悪くない	悪くない	無回答
a．授業中におしゃべりする	1	2	3	4	
	26.3	56.0	14.5	2.8	0.4
b．学校に遅刻する	1	2	3	4	
	39.7	39.4	14.5	6.1	0.4
c．学校での仕事（掃除当番や係など）をサボる	1	2	3	4	
	52.2	39.7	5.9	1.7	0.5
d．集団で誰かの陰口をたたいたり、無視したりする	1	2	3	4	
	70.5	22.8	4.7	1.6	0.4

問10　**学校の校則**について、あなたはどのように考えていますか。あてはまる番号に**1つずつ〇印**をつけてください。

	そう思う	どちらかといえばそう思う	どちらかといえばそう思わない	そう思わない	無回答
a．学校で集団生活をおくる以上、校則を守るのは当然のことだ	1	2	3	4	
	16.4	51.2	20.5	11.4	0.4
b．いまの学校の校則には不要なものが多い	1	2	3	4	
	60.1	22.9	10.5	5.9	0.6
c．納得できない校則がある場合、親しい先生にはそのことをうち明けたい	1	2	3	4	
	38.6	26.3	18.0	16.3	0.7
d．校内の風紀や秩序を保つため、ゆきとどいた校則指導をおこなうべきだ	1	2	3	4	
	10.5	26.3	34.5	28.2	0.6

問11　**日頃の勉強**について、あなたはどのように考えていますか。あてはまる番号に**1つずつ〇印**をつけてください。

	そう思う	どちらかといえばそう思う	どちらかといえばそう思わない	そう思わない	無回答
a．近年の激しい受験競争は、生徒の人間性をゆがめている	1	2	3	4	
	34.4	33.8	21.4	9.8	0.6
b．学歴が高くないと、おとなになっていい仕事につけない	1	2	3	4	
	24.1	29.4	22.1	23.9	0.5
c．学校で学ぶことが、将来何の役に立つのかわからない	1	2	3	4	
	34.9	34.9	19.2	10.5	0.6
d．高い学歴を得るために、いっしょうけんめい努力すべきだ	1	2	3	4	
	16.8	33.6	29.9	19.0	0.7
e．できることなら、成績別のクラス編成にしてほしい	1	2	3	4	
	6.6	10.2	25.2	57.5	0.4

次のページに続きます

	そう思う	どちらかといえば そう思う	どちらかといえば そう思わない	そう思わない	無回答
f．学校教育をゆとりあるものにするため、授業時間を減らすことに賛成である	1 32.2	2 26.1	3 26.8	4 14.5	0.4
g．すぐに役立たないにしても、勉強がわかること自体がおもしろい	1 23.4	2 43.6	3 22.1	4 10.3	0.5
h．学校にいるときよりも、学校の外での生活の方が楽しい	1 36.7	2 30.7	3 27.2	4 4.8	0.7

問12　社会のルールを守らないことをかっこいいと思うことがありますか。次の中から1つ選んで○印をつけてください。

1．よくある	2．たまにある	3．あまりない	4．ほとんどない	無回答
1.9	23.3	39.3	33.6	1.9

問13　あなたにとって、次のようなことは**どのくらい重要**でしょうか。あてはまる番号に1つずつ○印をつけてください。

	重要である	やや重要である	あまり重要でない	重要でない	無回答
a．高い地位につくこと	1 14.0	2 33.1	3 37.5	4 15.2	0.3
b．高い収入を得ること	1 39.5	2 42.7	3 12.8	4 4.5	0.4
c．他人との競争に勝つこと	1 23.2	2 35.2	3 29.9	4 11.0	0.6
d．社会のためにつくすこと	1 26.9	2 38.6	3 24.6	4 9.1	0.7
e．その日その日を、のんきにクヨクヨしないで暮らすこと	1 43.6	2 37.0	3 14.3	4 4.6	0.6
f．仕事や家庭のほかに、打ち込める趣味を持つこと	1 70.5	2 25.1	3 3.4	4 0.6	0.4

問14　**将来の職業生活**について、あなたはどのように考えていますか。あてはまる番号に1つずつ○印をつけてください。

	そう思う	どちらかといえばそう思う	どちらともいえない	どちらかといえばそう思わない	そう思わない	無回答
a．きまった職業にはつかず、フリーターで生活したい	1 1.4	2 2.8	3 11.3	4 15.8	5 68.2	0.4
b．遠い将来の目標のために、したいこともしないで生きるよりも、現在の欲求に忠実に生きるべきだ	1 12.0	2 19.9	3 30.9	4 20.5	5 16.2	0.5
c．一生の仕事になるものを、できるだけ早く見つけるべきだ	1 41.9	2 28.9	3 17.6	4 7.2	5 3.9	0.5
d．ひとつの会社にとらわれるより、その時々に有利な会社で働きたい	1 9.9	2 17.3	3 35.3	4 20.5	5 16.5	0.5
e．年齢に関係なく、仕事ができるかどうかで給料や地位（役職）が決まる会社で働きたい	1 35.7	2 28.6	3 23.5	4 5.7	5 6.2	0.4

次のページに続きます

付録1　高校生用調査票

	そう思う	どちらかといえばそう思う	どちらともいえない	どちらかといえばそう思わない	そう思わない	無回答
f．仕事よりも、趣味や自分の生活を優先させたい	1　18.8	2　31.3	3　35.0	4　10.5	5　3.8	0.5
g．会社に勤めるよりも、自分で会社をつくったり店をもったりしたい	1　16.1	2　19.1	3　25.6	4　20.7	5　18.0	0.5
h．何を基準に進路を決めてよいか、わからない	1　24.0	2　20.6	3　20.8	4　13.8	5　20.2	0.4

問15　あなたは、次にあげることにどの程度**満足**していますか。あてはまる番号に**1つずつ**○印をつけてください。

	満足している	どちらかといえば満足している	どちらかといえば満足していない	満足していない	無回答
a．現在の成績	1　3.7	2　17.2	3　36.8	4　41.8	0.5
b．校則など学校のきまり	1　5.0	2　16.5	3　34.9	4　43.0	0.6
c．学校の先生	1　5.4	2　34.3	3　31.8	4　27.8	0.7
d．学校での友人関係	1　30.0	2　47.4	3　16.2	4　5.9	0.5
e．あなたの生活全般	1　11.9	2　41.0	3　32.6	4　14.1	0.5
f．現在の日本社会	1　2.2	2　14.8	3　40.0	4　42.5	0.6

問16　あなたは、**結婚したあとの生活**をどのようにしたいと思いますか。**結婚する前は何らかの定職についている**という前提のもとで、答えください。

a．**女子のみお答えください（男子はこの質問をとばして、bに進んでください）**
　あなたは結婚しても仕事を続けるつもりですか。次の中から**1つ選んで**○印をつけてください（**結婚するつもりのない人は、6に**○印をつけてください）。

女子用
　1．できれば、結婚後もずっと仕事を続けたい　28.8
　2．結婚したら仕事をやめ、ずっと家庭に入るつもりだ　4.5
　3．子どもが生まれたら仕事をやめ、ずっと家庭に入るつもりだ　6.0
　4．子どもが生まれたら仕事をやめ、子どもの成長後、また仕事をはじめるつもりだ　29.2
　5．その時になったら、考えるつもりだ　23.5
　6．結婚するつもりはない　7.2
　7．その他（具体的に　　　　　　　　　　　　　　　　　）0.4
　　　　　無回答　0.4

b．**男子のみお答えください（女子はこの質問をとばして、問17に進んでください）**
　あなたが**結婚した場合、配偶者（妻）**となった人には仕事を続けてもらいたいですか。次の中から**1つ選んで**○印をつけてください（**結婚するつもりのない人は、6に**○印をつけてください）。

男子用
　1．結婚後もずっと仕事を続けてもかまわない　25.5
　2．結婚したら仕事をやめ、ずっと家庭に入ってほしい　4.9
　3．子どもが生まれたら仕事をやめ、ずっと家庭に入ってほしい　11.6
　4．子どもが生まれたら仕事をやめ、子どもの成長後、また仕事をはじめてほしい　21.0
　5．その時になったら、考えるつもりだ　26.8
　6．結婚するつもりはない　3.6
　7．その他（具体的に　　　　　　　　　　　　　　　　　）5.0
　　　　　無回答　1.7

問17 （全員におききします）あなたは次にあげる意見をどう思いますか。あてはまる番号に1つずつ○印をつけてください。

	そう思う	どちらかといえばそう思う	どちらともいえない	どちらかといえばそう思わない	そう思わない	無回答
a．男性は外で働き、女性は家庭を守るべきである	1 3.1	2 11.6	3 19.2	4 19.6	5 46.1	0.5
b．専業主婦という仕事は、社会的にたいへん意義があることだ	1 14.5	2 18.3	3 34.6	4 14.0	5 18.0	0.5
c．結婚や出産を理由に、女性は仕事をやめるべきではない	1 18.8	2 18.0	3 33.6	4 15.4	5 13.6	0.6
d．自分で専業主婦の道を選んだ人を、社会やまわりの人が批判すべきではない	1 77.3	2 13.0	3 6.1	4 1.2	5 1.7	0.7
e．外で働く仕事の方が、家事や育児よりも大切な意味を持つ	1 2.2	2 3.4	3 32.6	4 22.1	5 39.0	0.7
f．私は、女らしい（男らしい）	1 7.3	2 21.2	3 47.1	4 12.7	5 11.0	0.8

問18 あなたは次にあげる意見に賛成ですか、それとも反対ですか。あてはまる番号に1つずつ○印をつけてください。

	賛成	やや賛成	どちらともいえない	やや反対	反対	無回答
a．学者が言っていることの多くは、現実的ではなく、社会問題の解決にはあまり役に立たない	1 14.4	2 26.6	3 46.2	4 9.2	5 3.1	0.6
b．そう遠くない未来において、戦争や地域紛争は地球上からなくなるだろう	1 18.8	2 6.8	3 24.6	4 20.5	5 28.7	0.6
c．政治家や官僚の中には、ワイロをもらうなど、自分の地位を悪用している人が多い	1 52.8	2 18.8	3 9.0	4 3.1	5 15.5	0.8
d．福祉サービスを充実させるために、税金を上げることもやむをえない	1 11.0	2 23.1	3 29.1	4 19.1	5 16.8	1.0
e．日本で働きたい外国人のために、政府はもっと工夫をするべきだ	1 39.3	2 34.7	3 17.6	4 4.4	5 3.3	0.7
f．太平洋戦争や植民地支配のことで、日本は被害を与えた国々に謝罪すべきである	1 36.9	2 26.2	3 24.3	4 6.0	5 5.8	0.7
g．国のために、自分のやりたいことが制限されてもかまわない	1 1.0	2 3.1	3 15.2	4 26.3	5 53.6	0.8
h．日本の文化や伝統は、他の国よりも優れている	1 10.8	2 18.6	3 51.6	4 9.8	5 8.2	0.9
i．特別な行事の時には、国歌を歌ったり、国旗をあげるべきだ	1 7.5	2 10.5	3 42.0	4 16.0	5 23.3	0.7
j．しきたりや慣習には時代遅れになっているものも多いから、意味がないものはとりやめていくべきだ	1 15.3	2 14.7	3 33.3	4 21.1	5 14.9	0.7

付録1　高校生用調査票

問19 次のような**日常のできごと**に、あなたはどのような感じをもちますか。あてはまる番号に1つずつ○印をつけてください。

	抵抗を感じる	やや抵抗を感じる	あまり抵抗を感じない	抵抗を感じない	無回答
a．電車やレストランの席などで、女性が化粧をする	1 21.5	2 31.5	3 30.1	4 16.3	0.5
b．電車やお店の入り口付近の地べたに座る	1 38.4	2 29.4	3 21.3	4 10.3	0.6
c．電車やバスの車内で、携帯電話やPHSを使って話しこむ	1 26.3	2 34.7	3 24.8	4 13.4	0.9
d．エレベーターや電車のドアなどで、降りる人を待たずに乗りこむ	1 53.6	2 35.1	3 8.3	4 2.4	0.6
e．年上の人に対してタメ口で話す	1 39.5	2 36.7	3 16.4	4 6.8	0.6
f．他人のプライバシーに首を突っこむ	1 57.8	2 33.6	3 6.2	4 1.7	0.7
g．友だち仲間の都合よりも、自分の都合を優先させる	1 43.6	2 43.7	3 10.4	4 1.6	0.6

問20 次のような状況におかれた場合、あなたは**どのように**感じますか。あてはまる番号に1つずつ○印をつけてください。

a．友だちと真剣な話をしているときに、友だちの携帯電話が鳴りました。友だちはあなたとの会話を中断し、携帯電話の相手と楽しそうに話をはじめました。あなたはどのように感じますか。

1．抵抗を感じる	2．やや抵抗を感じる	3．あまり抵抗を感じない	4．抵抗を感じない	無回答
48.4	38.3	9.6	3.0	0.7

b．友だちと公園のベンチでジュースを飲んでいると、ジュースを飲み終わった友だちが、空き缶を近くの木かげに投げ捨ててしまいました。あなたはどのように感じますか。

1．抵抗を感じる	2．やや抵抗を感じる	3．あまり抵抗を感じない	4．抵抗を感じない	無回答
46.2	30.9	15.4	6.9	0.7

c．ファースト・フード店で食事をしていると、サラリーマン風の男性が禁煙席でタバコを吸っているのを見かけました。あなたはどのように感じますか。

1．抵抗を感じる	2．やや抵抗を感じる	3．あまり抵抗を感じない	4．抵抗を感じない	無回答
71.1	17.3	7.6	3.3	0.7

d．通りを歩いていると、環境保護団体の人びとが通行人の署名を集めていました。内容はあなたの住んでいる地域に深く関係するもので、住所と名前を書くだけでよいそうです。あなたはどうしますか。

1．署名に応じる	2．なるべく署名に応じる	3．なるべくだまって通りすぎる	4．だまって通り過ぎる	無回答
21.0	36.9	25.3	16.0	0.8

問21 今から10年後の日本は、どのような社会になると思いますか。あてはまる番号に1つずつ○印をつけてください。

	そう思う	どちらかといえばそう思う	どちらともいえない	どちらかといえばそう思わない	そう思わない	無回答
a．大学入試がやさしくなる	1 19.2	2 17.6	3 25.7	4 14.5	5 22.3	0.7
b．外国人労働者がふえる	1 34.5	2 36.8	3 21.0	4 4.2	5 2.7	0.8
c．環境問題が深刻化する	1 81.2	2 13.3	3 3.0	4 0.7	5 0.9	0.9
d．仕事や政治の場で、女性の社会進出が進む	1 52.3	2 31.7	3 11.8	4 2.3	5 1.1	0.8
e．貧富の差がひろがる	1 27.4	2 18.8	3 38.4	4 8.8	5 5.8	0.9
f．景気が回復し、暮らしむきがよくなる	1 6.2	2 9.5	3 33.5	4 27.7	5 22.2	0.9
g．凶悪な犯罪がふえる	1 53.9	2 28.5	3 12.8	4 2.0	5 2.1	0.7

問22 最後に、あなたの学校での成績と部活動についてお聞きします。あてはまる番号に1つずつ○印をつけてください。

a．学校での成績（同学年の中での成績）	1．上の方　　　　　10.9 2．中の上くらい　　37.2 3．中の下くらい　　28.9 4．下の方　　　　　22.3	無回答 0.7
b．あなたの部活動 　部活動をかわったり途中でやめた人は、現在の状況についてお答えください	1．体育系の部活動に入っている　31.1 2．文化系の部活動に入っている　19.4 3．部活動には入っていない　　　48.3	1.2

質問は以上です、ご協力ありがとうございました。
配布された封筒に入れて、提出してください。

付録2　高校教師用調査票

学校生活に関する意識調査

「現代日本人の規範意識」研究会
研究代表者 友枝敏雄（九州大学教授）
本調査担当 鈴木 譲（九州大学教授）
実　施　2001（平成13）年11月

＝ 記 入 の 仕 方 ＝

回答には大きく**２つのパターン**があります。

パターン１．あてはまる番号に○印をつける　　　○印

　例　　あなたは車が好きですか……①．は　い　２．いいえ

パターン２．いくつかの項目に順位をつける
　　　　　　（同じ順位はつけないでください）　　　　　　順位

　例　　あなたの好きな車は……トヨタ・カローラ　（ ３ ）
　　　　　　　　　　　　　　　日産・ブルーバード　（ １ ）
　　　　　　　　　　　　　　　ホンダ・シビック　　（ ２ ）
　　　　　　　　　　　　　　　マツダ・ファミリア　（ ４ ）

整 理 番 号

問1　今の学校の生徒同士の友人づきあいについて、あなたはどのようにお感じになられていますか。もっともあてはまるもの1つに○印をつけてください。

	そう思う	どちらかといえばそう思う	どちらかといえばそうは思わない	そうは思わない	無回答
a．クラスメートが困っていても気にしない生徒が多い	1 10.2	2 45.7	3 33.6	4 10.3	0.2
b．友人同士であっても、深いつきあいを避けようとする生徒が多い	1 12.7	2 49.9	3 30.9	4 6.5	0.0
c．友人が悪いことをしても、注意しない生徒が多い	1 43.2	2 44.3	3 11.3	4 1.1	0.0
d．学校行事などに対して受動的、消極的な生徒が多い	1 26.5	2 43.7	3 23.4	4 6.4	0.0
e．協調性のない生徒が多い	1 19.2	2 49.4	3 26.9	4 4.5	0.0

問2　生徒との関係についてお聞きします。あなたの考えやおこないにもっとも近い番号を1つずつ選んで○印をつけてください。

	そう思う	どちらかといえばそう思う	どちらかといえばそうは思わない	そうは思わない	無回答
a．生徒とはふだん気軽に話ができる関係だ	1 33.8	2 55.0	3 10.0	4 1.1	0.2
b．生徒とは授業以外にもいろいろと話をしてみたい	1 50.5	2 40.7	3 7.8	4 0.9	0.2
c．全体的に見て、生徒には期待している	1 39.2	2 49.0	3 9.8	4 1.6	0.4
d．自分は生徒から敬意を払われていると思う	1 6.2	2 63.5	3 24.5	4 5.3	0.5

問3　あなたが勤務されている学校では、以下のような生徒がどの程度いると思いますか。あてはまる番号に1つずつ○印をつけてください。

	かなりいる	ある程度いる	あまりいない	まったくいない	無回答
a．授業に関心を示さない生徒	1 27.4	2 52.5	3 18.9	4 1.1	0.2
b．授業を妨害する生徒	1 2.2	2 23.4	3 47.0	4 26.7	0.7
c．教師とのつき合いを避けようとする生徒	1 5.3	2 47.7	3 45.7	4 0.9	0.4
d．教師に反抗する生徒	1 1.6	2 31.6	3 56.6	4 9.1	1.1
e．学級の仕事（掃除当番や係）をさぼる生徒	1 17.4	2 56.8	3 23.8	4 1.8	0.2
f．学校にいるときよりも、学校の外での生活の方が楽しい生徒	1 35.6	2 53.4	3 10.5	4 0.2	0.4

付録2　高校教師用調査票

問4 校則についてお聞きします。あなたの考えにもっとも近い番号を1つずつ選んで○印をつけてください。

	そう思う	どちらかといえばそう思う	どちらかといえばそうは思わない	そうは思わない	無回答
a. 学校で集団生活をおくる以上、校則を守るのは当然のことだ	1　75.0	2　24.1	3　0.9	4　0.0	0.0
b. 今の学校の校則には不要なものが多い	1　10.0	2　32.1	3　41.2	4　16.5	0.2
c. 校則は、生徒が自分たちの考えにもとづいて決めた方がよい	1　6.7	2　21.6	3　41.2	4　30.3	0.2
d. 校内の風紀や秩序を保つため、ゆきとどいた校則指導をおこなうべきだ	1　35.4	2　49.7	3　12.3	4　2.4	0.2

問5 学習や学歴に関する次のような意見についてどう思いますか。あてはまる番号に1つずつ○印をつけてください。

	そう思う	どちらかといえばそう思う	どちらかといえばそう思わない	そう思わない	無回答
a. 近年の激しい受験競争は、生徒の人間性をゆがめている	1　16.0	2　35.0	3　33.9	4　14.9	0.2
b. 学歴が高くないと、いい仕事につけない	1　8.2	2　47.2	3　29.2	4　15.1	0.4
c. 一般に、学校で学ぶことが、将来何の役に立つのかわからない	1　2.9	2　19.6	3　38.8	4　38.7	0.0
d. 高い学歴を得るために、いっしょうけんめい努力すべきだ	1　12.0	2　32.8	3　41.0	4　13.8	0.4
e. できることなら、成績別のクラス編成にしてほしい	1　8.7	2　26.9	3　36.1	4　27.8	0.5
f. 学校教育をゆとりあるものにするため、授業時間を減らすことに賛成である	1　12.2	2　20.9	3　36.7	4　30.1	0.2
g. すぐに役立たないにしても、知識を得ること自体がおもしろい	1　61.3	2　35.6	3　2.4	4　0.4	0.4

問6 あなたは生徒に、将来どのような職業生活を送らせたいと思いますか。あなたの希望に近い番号に、1つずつ○印をつけてください。

	そう思う	どちらかといえば思う	どちらともいえない	どちらかといえばそう思わない	そう思わない	無回答
a. きまった職業にはつかず、フリーターで生活する	1　0.0	2　0.4	3　2.9	4　10.3	5　86.4	0.0
b. 遠い将来の目標のために、したいこともしないで生きるよりも、現在の欲求に忠実に生きる	1　1.5	2　2.7	3　12.9	4　31.8	5　51.0	0.2

次のページに続きます

	そう思う	どちらかといえばそう思う	どちらともいえない	どちらかといえばそう思わない	そう思わない	無回答
c．一生の仕事になるものを、できるだけ早く見つける	1 31.6	2 41.6	3 19.4	4 4.9	5 2.2	0.4
d．ひとつの会社にとらわれるより、その時々に有利な会社で働く	1 3.3	2 13.1	3 37.6	4 29.4	5 16.3	0.4
e．年齢に関係なく、仕事ができるかどうかで給料や地位（役職）が決まる会社で働く	1 11.3	2 36.5	3 37.9	4 8.9	5 4.9	0.5
f．仕事よりも、趣味や自分の生活を優先させる	1 2.9	2 15.2	3 44.6	4 24.7	5 12.2	0.4
g．会社に勤めるよりも、自分で会社をつくったり店をもったりする	1 3.4	2 11.6	3 71.1	4 9.3	5 4.2	0.4

問7 あなたは、現在勤務している**学校の生徒**が、次にあげることにどの程度**満足**していると思いますか。あてはまる番号に1つずつ○印をつけてください。

	満足している	どちらかといえば満足している	どちらかといえば満足していない	満足していない	無回答
a．現在の学校生活全般	1 1.5	2 49.4	3 41.7	4 6.4	1.1
b．現在の生活全般	1 2.2	2 49.0	3 43.0	4 4.7	1.1
c．現在の日本社会	1 0.5	2 35.0	3 52.3	4 11.1	1.1

問8 あなたご自身の**友人との関係**についてお聞きします。あなたの気持ちにもっとも近い番号を1つずつ選んで○印をつけてください。

(1) **一般的にいって、次にあげることをどう思いますか。**

	悪い	しかたがない場合もある	悪いことではない	無回答
a．交わした約束を何も言わずにすっぽかす	1 92.4	2 7.4	3 0.0	0.2
b．友人と話が盛り上がっているのに、その場の雰囲気を台無しにするようなことをする	1 69.9	2 29.4	3 0.5	0.2
c．友人の気持ちを察しようとしない	1 73.3	2 25.8	3 0.7	0.2

(2) では、次にあげることを**実際にあなたが友人にされた場合、どう思いますか。**

	頭に来る	しかたがない場合もある	何とも思わない	無回答
a．交わした約束を何も言わずにすっぽかされる	1 63.7	2 36.1	3 0.0	0.2
b．話が盛り上がっているのに、その場の雰囲気を台無しにするようなことをされる	1 41.9	2 57.0	3 0.9	0.2
c．自分の気持ちを察しようとしない	1 26.1	2 71.7	3 2.0	0.2

付録2　高校教師用調査票

(3) では、次にあげることを**実際に自分がした場合**、どう思いますか。

	悪いと思う	しかたがない場合もある	悪いとは思わない	無回答
a．友人との約束を何も言わずにすっぽかした	1 97.8	2 2.0	3 0.0	0.2
b．友人に対し、話が盛り上がっているのに、その場の雰囲気を台無しにするようなことをした	1 81.1	2 18.1	3 0.4	0.4
c．友人の気持ちを察しようとしなかった	1 80.9	2 18.5	3 0.2	0.4

問9 これまで「友人」という言葉を用いていくつか質問してきましたが、あなたが考える**「友人」**とはどのような人ですか。あてはまる番号に**1つずつ**○印をつけてください。

	あてはまる	ややあてはまる	あまりあてはまらない	あてはまらない	無回答
a．職場の同僚	1 22.0	2 45.6	3 23.2	4 8.9	0.4
b．日頃、自分が話をする人	1 24.3	2 48.3	3 18.7	4 7.8	0.9
c．携帯電話やインターネットでメールを交換する人	1 7.8	2 19.2	3 27.2	4 44.1	1.6
d．顔見知りの人	1 4.7	2 20.9	3 40.1	4 33.6	0.7
e．余暇をよく一緒に過ごす人	1 54.8	2 32.8	3 8.7	4 3.1	0.5
f．悩み事を相談できる人	1 79.7	2 13.8	3 3.1	4 2.7	0.7

問10 あなたは次にあげる意見をどう思いますか。あてはまる番号に**1つずつ**○印をつけてください。

	そう思う	どちらかといえばそう思う	どちらともいえない	どちらかといえばそう思わない	そう思わない	無回答
a．男性は外で働き、女性は家庭を守るべきである	1 4.0	2 14.5	3 30.9	4 18.3	5 32.1	0.2
b．専業主婦という仕事は、社会的にたいへん意義があることだ	1 28.9	2 27.2	3 26.7	4 9.6	5 7.1	0.5
c．結婚や出産を理由に、女性は仕事をやめるべきではない	1 24.0	2 22.7	3 40.5	4 7.8	5 4.9	0.2
d．自分で専業主婦の道を選んだ人を、社会やまわりの人が批判すべきではない	1 77.5	2 14.2	3 3.3	4 2.4	5 2.5	0.2
e．外で働く仕事の方が、家事や育児よりも大切な意味を持つ	1 1.3	2 2.0	3 29.6	4 16.7	5 50.5	0.2
f．私は、女らしい（男らしい）	1 8.9	2 36.1	3 41.0	4 6.0	5 7.4	0.5

問11 あなたは次にあげる意見に賛成ですか、それとも反対ですか。あてはまる番号に1つずつ○印をつけてください。

	賛成	やや賛成	どちらともいえない	やや反対	反対	無回答
a．学者が言っていることの多くは、現実的ではなく、社会問題の解決にはあまり役に立たない	7.3	28.9	38.5	19.1	5.8	0.5
b．そう遠くない未来において、戦争や地域紛争は地球上からなくなるだろう	5.1	4.7	22.3	30.9	35.9	1.1
c．政治家や官僚の中には、ワイロをもらうなど、自分の地位を悪用している人が多い	38.1	37.9	16.5	2.4	4.4	0.7
d．福祉サービスを充実させるために、税金を上げることもやむをえない	9.6	44.3	25.8	11.6	8.0	0.7
e．日本で働きたい外国人のために、政府はもっと工夫をするべきだ	19.1	34.8	32.3	8.7	4.5	0.5
f．太平洋戦争や植民地支配のことで、日本は被害を与えた国々に謝罪すべきである	37.6	29.6	19.4	7.1	5.8	0.5
g．国のために、自分のやりたいことが制限されてもかまわない	2.2	13.6	29.4	27.8	26.3	0.7
h．日本の文化や伝統は、他の国よりも優れている	8.0	18.0	60.6	4.9	7.8	0.7
i．特別な行事の時には、国歌を歌ったり、国旗をあげるべきだ	24.9	23.0	27.2	9.3	14.7	0.9
j．しきたりや慣習には時代遅れになっているものも多いから、意味がないものはとりやめていくべきだ	18.0	25.2	26.3	19.6	10.3	0.5

問12 次のような日常のできごとに、あなたはどのような感じをもちますか。あてはまる番号に1つずつ○印をつけてください。

	抵抗を感じる	やや抵抗を感じる	あまり抵抗を感じない	抵抗を感じない	無回答
a．電車やレストランの席などで、女性が化粧をする	62.4	28.3	7.4	0.9	0.9
b．電車やお店の入り口付近の地べたに座る	92.4	6.4	0.4	0.2	0.7
c．電車やバスの車内で、携帯電話やPHSを使って話しこむ	69.3	26.7	2.7	0.5	0.7
d．エレベーターや電車のドアなどで、降りる人を待たずに乗りこむ	82.8	16.3	0.0	0.0	0.9
e．年上の人に対してタメロで話す	72.1	23.0	2.5	0.4	2.0
f．他人のプライバシーに首を突っこむ	69.5	27.8	1.3	0.2	1.3
g．友人仲間の都合よりも、自分の都合を優先させる	47.2	46.6	4.4	0.5	1.3

付録2　高校教師用調査票

問13 今から10年後の日本は、どのような社会になると思いますか。あてはまる番号に**1つずつ**○印をつけてください。

	そう思う	どちらかといえばそう思う	どちらともいえない	どちらかといえばそう思わない	そう思わない	無回答
a．大学入試がやさしくなる	1 27.8	2 36.1	3 16.7	4 8.9	5 9.4	1.1
b．外国人労働者がふえる	1 32.1	2 47.5	3 14.0	4 4.0	5 1.8	0.5
c．環境問題が深刻化する	1 62.8	2 28.9	3 4.5	4 2.9	5 0.4	0.5
d．仕事や政治の場で、女性の社会進出が進む	1 47.5	2 39.2	3 7.8	4 3.8	5 1.1	0.5
e．貧富の差がひろがる	1 31.4	2 35.8	3 24.1	4 6.5	5 1.6	0.5
f．景気が回復し、暮らしむきがよくなる	1 0.7	2 9.3	3 32.1	4 36.8	5 20.3	0.7
g．凶悪な犯罪がふえる	1 43.7	2 41.6	3 9.6	4 2.2	5 2.4	0.5

問14 あなたは、次のようなことがらについて**不安を感じる**ことがありますか。あてはまる番号に**1つずつ**○印をつけてください。

	よくある	たまにある	あまりない	まったくない	無回答
a．受験競争がさらに激しくなり、学校教育が受験教育中心になってしまうという不安	1 13.2	2 38.5	3 41.0	4 6.5	0.7
b．人間関係がさらに希薄になり、生徒同士の連帯意識がなくなるのではないかという不安	1 37.4	2 49.0	3 12.2	4 0.9	0.5
c．社会の価値観がさらに多様化し、どの価値観を生徒に教えればよいのか分からなくなってしまうという不安	1 22.5	2 43.2	3 28.5	4 5.3	0.5
d．教育の管理化が今後ますます進むのではないかという不安	1 24.5	2 38.5	3 31.9	4 4.5	0.5
e．生徒の問題行動が増加し、どのように対応してよいのか分からなくなるという不安	1 25.0	2 50.1	3 21.6	4 2.5	0.7
f．いじめ問題がさらに深刻化するのではないかという不安	1 20.3	2 49.4	3 28.5	4 1.3	0.5

問15 **高校生の関心**についてお聞きします。
(1) あなたが高校生だったころと比較して、**高校生の気持ちはどう変化した**と思いますか。あてはまる番号に **1つずつ**○印をつけてください（**現在、勤務している**学校の生徒を念頭において答えてください）。

	強くなっている	やや強くなっている	どちらともいえない	やや弱くなっている	弱くなっている	無回答
a．政治や経済に対する関心	1	2	3	4	5	
	0.7	3.8	24.0	31.9	39.2	0.4
b．日本のしきたりや文化に対する敬意	1	2	3	4	5	
	0.4	0.9	12.7	39.7	45.9	0.4
c．公共の場におけるマナーを守る気持ち	1	2	3	4	5	
	0.2	0.9	5.4	28.5	64.4	0.5
d．授業や勉強に対する意欲	1	2	3	4	5	
	0.5	2.9	25.2	39.2	31.8	0.4
e．出世や社会的成功に対する意欲	1	2	3	4	5	
	0.4	3.6	27.4	41.7	26.1	0.7
f．友達に対する思いやり	1	2	3	4	5	
	0.4	1.5	40.5	41.4	15.8	0.5
g．教師など、目上の人に対する敬意	1	2	3	4	5	
	0.4	0.2	10.2	39.4	49.5	0.4

(2) それでは、今の高校生は以下の気持ちや関心を**もっと持つべきだ**と思いますか。あてはまる番号に**1つずつ**○印をつけてください（**現在、勤務している**学校の生徒を念頭において答えてください）。

	もっと持つべきだ	今のままでよい	もっと減らすべきだ	無回答
a．政治や経済に対する関心	1	2	3	
	88.2	11.4	0.0	0.4
b．日本のしきたりや文化に対する敬意	1	2	3	
	84.6	14.5	0.4	0.5
c．公共の場におけるマナーを守る気持ち	1	2	3	
	98.9	0.5	0.0	0.5
d．授業や勉強に対する意欲	1	2	3	
	88.9	10.9	0.0	0.2
e．出世や社会的成功に対する意欲	1	2	3	
	42.5	54.6	2.4	0.5
f．友達に対する思いやり	1	2	3	
	84.8	14.7	0.0	0.5
g．教師など、目上の人に対する敬意	1	2	3	
	85.5	14.2	0.0	0.4

問16 **高校生は校則を守っている**とあなたは思いますか。あなたの考えに近い番号に**1つ**○印をつけてください。

1．守っている	2．大体守っている	3．あまり守っていない	4．守っていない	無回答
0.4	45.6	44.8	8.7	0.5

問17 校則を守らない高校生がいるとします。なぜその高校生は校則を守らないのでしょうか。その高校生の**気持ちをよく表している**とあなたが思う順に、次の各項目に**1位から4位まで順位**をつけてください。

	例	順位をつけてください（同じ順位はつけないでください）				
校則は無意味だ	第（ 3 ）位	（ ）	17.4	17.8	24.0	40.1	0.7
他の高校生も校則を守っていない	第（ 1 ）位	（ ）	31.4	37.0	21.2	9.6	0.7
校則を守らなくても罰則規定はない	第（ 2 ）位	（ ）	9.3	18.5	33.4	38.1	0.7
ただ何となく校則を守りたくない	第（ 4 ）位	（ ）	41.4	26.0	20.7	11.4	0.5
			1位	2位	3位	4位	無回答

付録2　高校教師用調査票

問18　高校生は電車の中でマナーを守っているとあなたは思いますか。あなたの考えに近い番号に1つ○印をつけてください。

1．守っている	2．大体守っている	3．あまり守っていない	4．守っていない	無回答
0.4	21.8	62.1	15.2	0.5

問19　電車の中でマナーを守らない高校生がいるとします。なぜその高校生はマナーを守らないのでしょうか。その高校生の気持ちをよく表しているとあなたが思う順に、次の各項目に1位から4位まで順位をつけてください。

　　　　　　　　　　　　　　　　　　　　　　　　例　　　　順位をつけてください
　　　　　　　　　　　　　　　　　　　　　　　　　　　　（同じ順位はつけないでください）

	例		1位	2位	3位	4位	無回答
別に他人には迷惑をかけていない	(3)	( )	53.0	22.1	14.0	10.7	0.2
自分がよければ他人に迷惑をかけてもかまわない	(1)	( )	31.9	22.7	15.8	29.4	0.2
他の高校生もマナーを守っていない	(2)	( )	8.9	33.8	37.0	20.1	0.2
マナーを守らなくても罰則はない	(4)	( )	6.0	21.2	33.0	39.6	0.2

問20　あなたは次のような意見に賛成ですか、それとも反対ですか。あてはまる番号に1つずつ○印をつけてください。

	賛成	やや賛成	どちらともいえない	やや反対	反対	無回答
a．部活動に熱心な高校生は、成績もよい	1　10.9	2　33.4	3　47.5	4　4.5	5　3.4	0.2
b．教師に敬意をはらう高校生は、成績もよい	1　6.7	2　30.9	3　55.0	4　3.3	5　4.0	0.2
c．校則を守らない高校生は、成績もよくない	1　10.0	2　34.1	3　43.9	4　7.8	5　4.0	0.2
d．電車の中でマナーを守らない高校生は、成績もよくない	1　11.8	2　30.3	3　47.9	4　6.5	5　3.3	0.2

問21　高校生にとって学校で居心地のよい場所はどこでしょうか。あなたが思う順に、次の各項目に1位から4位まで順位をつけてください。

	例		1位	2位	3位	4位	無回答
教室	(3)	( )	23.2	32.5	17.8	25.4	1.1
部室	(1)	( )	58.4	24.3	11.4	4.7	1.1
図書館	(2)	( )	3.3	18.1	40.3	37.2	1.1
保健室	(4)	( )	14.0	24.0	29.4	31.6	1.1

問22　いじめの原因として重要だとあなたが思う順に、次の各項目に1位から4位まで順位をつけてください。

	例		1位	2位	3位	4位	無回答
加害者の性格	(3)	( )	54.6	19.1	20.3	5.4	0.5
被害者の性格	(1)	( )	17.8	29.2	16.7	35.8	0.5
学級の雰囲気	(2)	( )	19.4	37.9	40.1	2.0	0.5
学校の雰囲気	(4)	( )	7.6	13.2	22.3	56.3	0.5

問23　あなたがこれまで**一番熱心に携わった校務分掌**を1つ選んで○印をつけてください。

1．教務	2．進路	3．生徒指導	4．保健
22.1	22.3	36.7	2.7
5．庶務	6．研修	7．図書	8．その他（具体的に　　　　　　　　　　）4.0
2.4	2.9	1.5	

　　　　　　　　　　　　　　　　　　　無回答　5.4

問24　（**管理職**でない方だけにお聞きします。**管理職**の方は、この質問をとばして次に進んでください。）
　　　あなたは**管理職**につきたいと思いますか。あなたの考えにもっとも近い番号に**1つ**○印をつけてください。

1．つきたい	2．できればつきたい	3．できればつきたくない	4．つきたくない	無回答
3.1	14.0	28.9	42.6	11.4

問25　最後に**あなた自身**のことについてお聞きします。次の中から**1つずつ**選んで○印をつけてください。

		無回答
a．あなたの性別	1．男　性　74.2　　　2．女　性　22.7	3.1
b．あなたの年齢	1．24才以下　0.5　　2．25〜29才　6.2　　3．30〜34才　12.0 4．35〜39才　14.3　　5．40〜44才　17.8　　6．45〜49才　16.5 7．50才以上　32.7	0.0
c．あなたの教職歴	1．3年以内　2.2　　2．4〜6年　6.4　　3．7〜9年　9.4 4．10〜15年　20.5　　5．16〜20年　16.2　　6．21年以上　45.4	0.0

　　　　　　　　　　　　　　　　　　　　　　　　　質問は以上です、ご協力ありがとうございました。
　　　　　　　　　　　　　　　　　　　　　　　　　同封の返信用封筒に入れて、返送してください。

索　引

（＊印は人名）

あ行

アウトロー性　　55, 59
阿形健司＊　　123
遊び志向　　12
新しい学校社会学　　104
新しい保守意識　　8, 143, 147
石原慎太郎都知事＊　　138
一般的な規範意識　　48-50, 61
今田高俊＊　　75, 90
岩木秀夫＊　　12, 14
イングルハート, R.＊　　34
因子得点　　90-92, 139-147
因子分析　　45-47, 50-51, 89-92, 135-137
ウィルソン, T.P.＊　　152
ウェーバー, M.＊　　161, 169
エリート校　　8, 143, 145, 147
大平健＊　　65
公重視　　138, 143
尾嶋史章＊　　4, 38-39, 63

か行

解釈的パラダイム　　152
学歴＝地位達成志向　　69-70
学歴＝地位達成志向の揺らぎ　　72-74
学歴の地位形成機能　　121-122, 125
片瀬一男＊　　3
学校階層　　8, 162
学校格差　　14, 71
学校タイプ　　14-15, 18, 21, 24, 28, 35, 80, 90, 94, 97, 129, 134
学校内部メカニズム　　108-109
学校ランク　　80, 97
カテゴリカル回帰分析　　157
門脇厚司＊　　12
完成教育　　69

間接効果　　158
神林博史＊　　13, 20
管理主義教育　　172
管理職志向　　167
官僚的支配形態　　161
喜入克＊　　14-15, 19
擬似的効果　　153
規範意識　　2, 5, 11, 13-15, 19, 22, 28-29, 34-35, 37, 48-49, 52, 56, 60, 62-64, 129
規範的パラダイム　　152
木村敬子＊　　125
木村涼子＊　　104-105
クロス表と多変量解析　　156-157
携帯（ケータイ）電話　　54
計量的モノグラフ　　4, 39, 63
権威主義　　173
小泉首相＊　　138
交互最小自乗法　　158
校則　　58-59, 62
校則意識　　8, 151
校則縮減　　8, 149
校則遵守意識　　15, 18, 35
校則問題　　149-150
校則擁護　　8, 149
高度経済成長　　1, 69
高度消費社会　　11
55年体制　　143
ゴフマン, E.＊　　40, 53
コリンズ, R.＊　　41, 65
コンサマトリー　　73

さ行

最適尺度法　　157
佐藤郁哉＊　　39
産業社会　　11

ジェンダー・トラッキング　105, 125
私化　74-75
自記式　2-3
自己決定主義　12-13, 22, 35
実学志向　122
実質合理性意識　154
ジベタリアン　11, 26, 49
志水宏吉*　108
社会秩序　1, 37
社会へのコミット度　55, 58
集合調査法　2
準備教育　69
消極的儀礼　53-54, 57
情報社会　11
職業希望　81-82
女子専用軌道　103-104, 106, 109, 111-113, 120-122, 124-125
人格崇拝　38, 40, 51-53, 55, 65, 138
新中間層（ホワイトカラー）　143
新まじめ主義　13, 29
親友　43
心理的距離感　157
心理的投影　172
進路希望　81-82
推定アルゴリズム　158
諏訪哲二*　12-13
世代差　18, 21, 26
積極的儀礼　53
千石保*　12-13, 28-29, 43, 48, 56, 64, 72-73, 82, 92
相互行為儀礼　40

た行

高野桂一*　150
武田徹*　54-55, 62
「脱」近代的職業観（因子）　91
「脱」地位達成志向　74-75
「脱」地位達成志向（因子）　89-90
脱物質的価値観　34
脱まじめ　12
地位達成志向（因子）　89

遅延的社会化　108
チャーター　108-110
チャーター理論　105, 108, 125
デュルケム，É.*　52-53
伝統維持　157
道徳　38, 40
轟亮*　28, 38
富田英典*　66
友だち間での規範意識　52, 56, 60
友だちのイメージ　44-48, 54-57, 59
友だちの数　42-43, 56
トラッキング　7, 71-72, 74, 80, 90, 93, 96-97, 103, 107, 124, 129, 145

な行

中島梓*　55, 65
中西祐子*　108, 125
ナショナリズム　4
入試（受験）競争　70-71
能力主義　74

は行

パス解析　158
パターナリズム的支配形態　161
バブル経済　5, 11
反グローバリゼーション　138
非管理職志向　167
樋田大二郎*　14
藤田英典*　71, 124
藤村正之*　66
ぷちナショナリズム　138
不登校　7, 73
フリーター　7, 73, 86, 94
文化資本　4
分散分析　15, 18
保守意識　8, 138, 143, 145, 147
保守―革新　143, 147
ポピュリズム　138

ま行

マイヤー，J.W.*　108

まじめ志向　12
まじめの崩壊　12, 38, 72-73, 92
マンハイム, K.*　169
ミーイズム　2
「右」寄りの国家観　95
宮台真司*　20, 26
滅私奉公　138
メル友　6, 11, 44-48, 54-57, 59, 61
メンタリティ（心性）　7, 121-122
森真一*　38, 40, 51, 55, 65, 138
森田洋司*　73, 75

や行

郵送調査法　3
豊かな社会　1
予期的社会化　108

ら・わ行

ラベリング　39, 63
利己性　55, 60-61
理念型　105, 125
冷戦構造　143
私重視　138, 142

編著者紹介

<ruby>友<rt>とも</rt></ruby><ruby>枝<rt>えだ</rt></ruby><ruby>敏<rt>とし</rt></ruby><ruby>雄<rt>お</rt></ruby>［序章，第5章］
　　1951年　熊本県熊本市生まれ
　　現在：九州大学大学院人間環境学研究院・文学部教授
　　主著：『モダンの終焉と秩序形成』有斐閣，1998年

<ruby>鈴<rt>すずき</rt></ruby><ruby>木<rt></rt></ruby>　<ruby>譲<rt>ゆずる</rt></ruby>［第6章］
　　1954年　東京都三鷹市生まれ
　　現在：九州大学大学院人間環境学研究院・文学部教授
　　主著：Business Associations in Japan and the United States，九州大学出版会，1999年

執筆者紹介

<ruby>木<rt>き</rt></ruby><ruby>村<rt>むら</rt></ruby><ruby>好<rt>よし</rt></ruby><ruby>美<rt>み</rt></ruby>［第1章］
　　1970年　大阪府高石市生まれ
　　現在：大阪市立大学文学部専任講師
　　主論文：「『過去の職業』による老後の所得格差」『理論と方法』第17巻第2号，数理社会学会，2002年

<ruby>土<rt>ど</rt></ruby><ruby>井<rt>い</rt></ruby><ruby>文<rt>ふみ</rt></ruby><ruby>博<rt>ひろ</rt></ruby>［第2章］
　　1966年　長崎県諫早市生まれ
　　現在：熊本学園大学商学部助教授
　　主論文：「道徳共同体論による社会分析のあり方」『社会学評論』第45巻第3号，日本社会学会，1994年

<ruby>室<rt>むろ</rt></ruby><ruby>井<rt>い</rt></ruby><ruby>研<rt>けん</rt></ruby><ruby>二<rt>じ</rt></ruby>［第3章］
　　1968年　京都府宇治市生まれ
　　現在：香川大学教育学部助教授
　　主論文：「A. ギデンズにおける『実践』」『社会学評論』第48巻第1号，日本社会学会，1997年

<ruby>田<rt>た</rt></ruby><ruby>中<rt>なか</rt></ruby>　<ruby>朗<rt>あきら</rt></ruby>［第3章］
　　1977年　兵庫県神崎郡福崎町生まれ
　　現在：株式会社インテージ　マーケティング情報事業部市場情報部勤務
　　主論文：「社会階層と地位達成志向──権威主義とネットワークの視点から──」九州大学大学院人間環境学府修士論文，2003年

<ruby>中<rt>なか</rt></ruby><ruby>村<rt>むら</rt></ruby><ruby>晋<rt>しん</rt></ruby><ruby>介<rt>すけ</rt></ruby>［第4章］
　　1964年　福岡県福岡市生まれ
　　現在：福岡県立大学生涯福祉研究センター助教授
　　主論文：「ブルデュー階級論の再検討──『ディスタンクシオン』を中心に──」『福岡県立大学紀要』第8巻第1号，福岡県立大学，1999年

現代高校生の規範意識
―――規範の崩壊か，それとも変容か―――

2003年11月5日　初版第1刷発行
2005年6月5日　初版第2刷発行

編著者　友　枝　敏　雄
　　　　鈴　木　　　譲

発行者　谷　　隆　一　郎

発行所　(財)九州大学出版会
　　　　〒812-0053　福岡市東区箱崎7-1-146
　　　　　　　　　　九州大学構内
　　　　電話 092-641-0515(直通)
　　　　振替 01710-6-3677

印刷／九州電算㈱・大同印刷㈱　製本／篠原製本㈱

© 2003 Printed in Japan　　　ISBN4-87378-802-1